Hans Saler **Zwischen Licht und Schatten**

Hans Saler

Zwischen
Licht
und
Schatten

Die Messner-Tragödie
am Nanga Parbat

A1 Verlag

Dieses Buch möchte ich allen widmen,
die um ihre Söhne, Männer und Freunde
am Nanga Parbat gebangt haben,
sowie all jenen, die dort verunglückten.

Achte auf deine Gedanken, denn sie werden deine Worte.
Achte auf deine Worte, denn sie werden deine Taten.
Achte auf deine Taten, denn sie werden deine Gewohnheiten.
Achte auf deine Gewohnheiten, denn sie werden dein Charakter.
Achte auf deinen Charakter, denn er wird dein Schicksal.

Aus einem alten Weisheitsbuch

Vorwort

Diamir, »König der Berge«, oder auch Nanga Parbat, den »Nackten Berg«, nennen ihn die Einheimischen. Die westliche Welt kennt ihn fast ausschließlich unter dem Namen Nanga Parbat, auch »Schicksalsberg der Deutschen« genannt, denn er war über viele Jahrzehnte für die Elite der deutschsprachigen Bergsteiger die ganz große Herausforderung im Kampf um die Weltberge, und viele von ihnen haben dort ihr Leben gelassen.

Nanga Parbat – dieser Name zergeht Bergsteigern geradezu auf der Zunge, obwohl oder vielleicht gerade weil ihn ein zwiespältiger, tragischer Nimbus umgibt, der wie bei kaum einem anderen der großen Berge von Lebenserfüllung und Todesschicksal geprägt ist. Und doch brachen zu ihm immer wieder Bergsteiger auf, eben weil die Schwierigkeiten unüberwindbar schienen. Wann immer die Expeditionen loszogen, fieberten Millionen Menschen mit, und bis der »König der Berge« erstmals überwunden wurde, hatte er bereits 31 Menschenleben gefordert.

Es war der legendäre österreichische Bergsteiger Hermann Buhl, der 1953 nach einem unglaublichen Alleingang vom höchsten Lager aus als erster Mensch seinen Fuß auf den Gipfel des Nanga Parbat setzte. Die Expedition stand damals unter der Leitung von Dr. Karl Maria Herrligkoffer, wie auch die, von der in diesem Buch die Rede sein wird.

Wenn die Suche nach Grenzerfahrung zum alles beherrschenden Bedürfnis wird, dann finden sich immer wieder neue Herausforderungen, denn Grenzen wirken für manche Menschen nicht nur einengend oder bedrohlich, sondern zugleich auch verlockend, ja verführerisch. Nachdem die höchsten Gipfel erstbestiegen waren, wandte sich das Interesse ihren schwierigen Wänden zu. Und da gab es eine Wand, die alles Bisherige in der Bergwelt in den Schatten stellte: Die Rupalwand des Nanga Parbat – die höchste Steilwand der Erde, bestehend aus über 4.500 Höhenmeter Fels und Eis, in großen Teilen senkrecht, mit Passagen schwierigster Kletterei noch in Höhen der berüchtigten »Todeszone« – eine Herausforderung, von der Hermann Buhl seinerzeit geradezu erschrocken sagte, als er ihrer ansichtig wurde: »Ein Versuch allein schon wäre Selbstmord.«

Doch 1970 gelang auch die Erstbesteigung dieser »undenkbaren« Wand. Vier Bergsteiger erreichten über sie den Gipfel. Aber der Berg forderte hierbei sein 33. Opfer: Der gerade 24-jährige Günther Messner kehrte nicht vom Gipfel zurück.

Sein Bruder Reinhold jedoch errang bei dieser Unternehmung – auch unter den tragischen Umständen dieses Todes – einen spektakulären Erfolg: die Überschreitung des Nanga Parbat über die Rupalwand im Aufstieg und die Diamirflanke im Abstieg. Diese sensationelle, fast unglaubliche Leistung warf allerdings bohrende Fragen auf.

Man wusste und weiß um den alpinistischen Ehrgeiz, das Streben nach Ruhm und nach Einzigartigkeit der Höchstleistung bei Reinhold Messner. Deshalb stellt sich die Frage: Hatte er damals wie sein Vorbild Hermann Buhl einen besonders tollkühnen Entschluss gefasst, um ein neues, Aufsehen erregendes Stück Himalaya-Geschichte zu schreiben, neue Leistungsnormen zu setzen, die keine persönlichen Rücksichten erlaubten? Es gibt jedenfalls Zeugen dafür, dass Reinhold während der Expedition mehrmals davon sprach, den Nanga Parbat zu überschreiten, wenn sich eine Gelegenheit dazu ergäbe. Könnte es also sein, dass sein Abstieg auf der anderen Seite des Berges nicht, wie er immer wieder behauptet, »aus der Not geboren« war? Eine Frage, die vor dem Hintergrund der damaligen Erlebnisse am Berg, der dortigen Umstände wie auch der Persönlichkeit Reinhold Messners in diesem Buch neu gestellt werden soll.

Als Reinhold damals ohne seinen Bruder nach einer Woche wieder zur Expeditionsmannschaft stieß, gelang ihm keine überzeugende Erklärung der tragischen Vorgänge. Mochte er mit seiner Version die Öffentlichkeit noch notdürftig zufrieden stellen, so ergab sie für uns Beteiligte schon damals kein schlüssiges Bild, denn zu sehr widersprachen die Fakten den Erklärungsversuchen, zu groß waren die Widersprüche.

Alle übrigen Mannschaftsmitglieder haben bisher geschwiegen, es war ein stilles Übereinkommen, für das es keines feierlichen Rütlischwurs bedurfte. Weshalb sollten wir Reinhold die Zukunft zusätzlich erschweren oder gar verbauen, wo er ohnehin am Tode seines Bruders – und dessen Umständen – genug zu tragen hatte?

Eines allerdings muss nun nach dem langen Schweigen, im Rückblick auf drei Jahrzehnte öffentlicher Diskussion und äußerst wirkungsvollen Agierens in der Medienlandschaft von Seiten Reinhold Messners – perfekt und einträglich inszeniert – endlich gesagt werden: Die Wahrheit muss jetzt deshalb ans Licht, weil sich im Laufe der Zeit und vor allem durch die jüngsten Veröffentlichungen Verzerrungen ergeben haben, die an die Ehre der ehemaligen Expeditionsteilnehmer rühren, indem sie diesen unterlassene Hilfeleistung unterstellen.

Der tote Bruder verfolgt Reinhold Messner wie ein Schatten. Über Jahrzehnte hinweg berichtet er immer wieder in der Öffentlichkeit über die damaligen Ereignisse, rechtfertigt sein Vorgehen, stellt immer wieder neue Zusammenhänge her, die die Widersprüche nur größer und zahlreicher werden lassen.

Anstatt ein tragisches Geschehen wirklich zu bewältigen, liefert er anstelle einer ehrlichen, verantwortungsbewussten Klärung ein buntes Kaleidoskop von Variationen. Er macht sich fälschlicherweise selbst zum Opfer, vermutlich um eigene Verantwortlichkeit zu verdrängen.

Uns allen wurde langsam klar: Wer über dreißig Jahre lang immer wieder geradezu verzweifelt nach neuen Schuldigen für den Tod des Bruders sucht und sich dabei aller denkbaren Hypothesen bedient, sogar solcher, die andere belasten, der versucht nur eine tief gehende Verwundung zu überdecken, ohne sie heilen zu können. All die Jahre haben wir ihn geschont und zu seinen Veröffentlichungen geschwiegen.

Dann aber im Oktober 2001 ereignete sich etwas Entscheidendes, ausgelöst durch eine abermalige Medienkampagne Reinhold Messners, die uns Mannschaftsmitglieder von damals unmittelbar betraf und eine Stellungnahme und Richtigstellung geradezu erzwang. Ein rücksichtsvolles und langmütiges Schweigen zu Reinholds aus der Not geborenen, zu irrlichternden Selbstläufern gewordenen Erklärungsversuchen des damaligen Geschehens am Nanga Parbat konnte es jetzt nicht mehr geben.

Bei einer von Rundfunk und Fernsehen aufgezeichneten Präsentation des Buches »Karl Maria Herrligkoffer – Besessen, sieghaft, umstritten«, einer von Horst Höfler und Reinhold Messner bearbeiteten Biografie über den Expeditionsleiter, feuerte Messner eine volle Breitseite gegen die übrige Mannschaft: »... aber ich sage heute, das war kein Herrligkoffer-Fehler, sondern das war eher ein Fehler der Teilnehmer, nicht ins Diamirtal zu gehen.« Und weitere schwere Geschütze fuhr er auf. Im Auditorium saßen die damaligen Expeditionsteilnehmer Gerhard Baur und Jürgen Winkler. Als Gerhard Baur Messners Auslassungen hörte, packte ihn die kalte Wut, und abrupt endete eine mehr als dreißigjährige Verbindung, während der Gerhard als Kameramann Reinhold auf mehreren Expeditionen begleitet hatte.

Baur schreibt dazu: »Messner ist so skrupellos, dass er nicht einmal davor zurückschreckt, nach so langer Zeit eine Mannschaft zu diffamieren, die ihn am Nanga Parbat vorbehaltlos unterstützt hat und die in der Öffentlichkeit kein einziges böses Wort über ihn weitergegeben hat und dabei genau wusste, dass er während der Expedition mehrmals konkret und eindeutig über eine mögliche Überschreitung gesprochen hatte.« Auch dem sonst überaus ruhigen und bedächtigen Jürgen Winkler platzte buchstäblich der Kragen: »Diese Anschuldigungen sind ungeheuerlich!« Hatte er doch über all die Jahre Kontakt zu Reinhold gehabt, der sich in dieser Zeit niemals so geäußert hatte.

Voller Empörung erhoben sich Baur und Winkler und protestierten gegen die unglaublichen Anschuldigungen. Doch anstatt mit den Kameraden zu sprechen oder das Gesagte irgendwie abzumildern, geschweige denn zurückzunehmen, geht Messner stark erregt sofort zum nächsten Angriff über und behauptet unter anderem sogar, einige von der Mannschaft hätten ihm und seinem Bruder den Tod gewünscht. Damit wurden wir von ihm als ein Haufen von Feiglingen abgestempelt, welche die beiden Brüder in Schnee und Eis ihrem Schicksal überlassen haben sollten, und einige hätten sich dabei quasi noch schadenfroh die Hände gerieben. Später stellt er dies dann alles wieder in Abrede, doch eine Fernsehkamera hat den ganzen Vorgang aufgezeichnet.

Kurz darauf erschien Messners Buch »Der Nackte Berg«, eine Überarbeitung seines bereits 1971 erschienenen Buches »Die rote Rakete am Nanga Parbat«, beide Bücher eher romanhafte Aufarbeitungen der Ereignisse am Nanga Parbat.

Mit diesem »neuen« Buch – von dem Reinhold selbst behauptet, es sei sein »hintergründigstes« Bergbuch – wollte er sich offenbar eine persönliche Entlastung maßschneidern. Bei seiner geradezu verzweifelten Suche nach Beweisen verschiebt er den Tod seines Bruders ins Irrationale und bietet seine fragwürdigen Darstellungen als »letzte Wahrheit« und als

Zeugenaussage in eigener Sache äußerst medienwirksam und gewinnbringend feil.

Der Tod hat die Zahl der damaligen Kameraden verringert, fünf überlebten die Abenteuer der Jugend nicht. Die noch am Leben sind, waren schnell informiert, und keiner wollte und konnte jene pauschalen Vorwürfe auf sich und den Verstorbenen sitzen lassen. Gerhard Baur und Jürgen Winkler versuchten die Angelegenheit mit Reinhold noch friedlich zu bereinigen, doch schlug ihnen nur Unversöhnlichkeit entgegen.
Jetzt erst brachen wir also unser Schweigen. Max von Kienlin, Gerhard Baur und Jürgen Winkler verfassten ein Statement für die Presse. Ich schrieb von meinem derzeitigen Wohnsitz aus Chile einen offenen Brief an Reinhold. Wie eine Lawine krachten unsere Veröffentlichungen in die Bergsteigerszene. Angenehm erstaunt hat mich dabei, mit welcher Professionalität und Sorgfalt die Journalisten von »Spiegel«, »stern«, »profil« und des Wochenmagazins »ff« dem Thema nachgingen. Der Spiegelredakteur Carsten Holm zum Beispiel recherchierte über mehrere Wochen, durchforstete alle einschlägigen Publikationen und suchte die Expeditionsteilnehmer wiederholt auf. Er führte stundenlange Gespräche, unternahm informative Rückversicherungen, stellte bohrende Fragen. Schließlich konstatierte er, dass er nun selbst große Lust verspüre, ein Buch über den Nanga Parbat und die Geschichte Reinhold Messners zu schreiben.
So viel vorweg: Es gibt weder von unserer noch von Reinhold Messners Seite eine bewiesene Wahrheit. Es gibt aber eine ganze Reihe belegbarer Fakten und Aussagen – darunter viele Aussagen von Reinhold selbst –, die eindeutig gegen die von ihm verbreitete Darstellung der Umstände sprechen.

Bei der heutigen Informationsflut geraten Zeitungs- und Zeitschriftenartikel schnell in Vergessenheit. Diese Erkenntnis ließ bei meinem Freund aus zurückliegenden Nanga-Parbat-

Jahren Max von Kienlin und mir den Entschluss reifen, ein Buch über jene Ereignisse zu schreiben, und zwar jeder sein eigenes aus seiner ganz persönlichen Perspektive: Max von Kienlin als der versierte Analytiker; ich dagegen folge meinen eigenen Wurzeln und versuche als langjähriger Sozialberichterstatter mit diesem Buch die Expedition von ihrer menschlichen Seite aus der Perspektive des unmittelbaren Miterlebens zu schildern. Und eines sei dabei festgehalten: Ohne die Angriffe Reinhold Messners wären diese Bücher wohl nicht geschrieben worden.

32 Jahre sind eine lange Zeit. Da ist die Frage angebracht: Wie weit können wir uns auf unsere Erinnerung noch verlassen? Gibt das Gemenge aus Gedächtnis, Bewusstsein, Wahrheit und Verdrängung nach mehr als drei Jahrzehnten ein rechtes Bild wieder? Die Spannung zwischen der Statik des Vergangenen und der Dynamik der gelebten Zeit verformt möglicherweise das Geschehene.

Natürlich lösten sich manche Vorkommnisse der Expedition in vage Erinnerungen auf. Doch bedeutsame Begebenheiten, gerade die im Zusammenhang mit den Messner-Brüdern, sind deshalb noch so gegenwärtig, weil einerseits viele Fragen unbeantwortet blieben, die uns bis heute beschäftigen, andererseits Reinhold selbst sie durch immer wieder neue Varianten von Erklärungen wach hielt, wer nun die Schuld am Tod seines Bruders tragen sollte. Reinhold verstrickte sich dabei mehr und mehr in seinen ständig wechselnden, vagen Argumenten. Inzwischen bin ich fast davon überzeugt, dass er selbst an seine jeweils letzte Version fest glaubt. Wir anderen Bergsteiger, die untereinander noch Kontakt haben, verglichen dann aber immer seine gerade aktuelle Darstellung mit der Summe der sicher erinnerten und reflektierten Fakten – und dabei kam zunehmend Verwunderung auf.

Wir gehören ja nicht zu der Generation unserer Väter, die aus dem Krieg heimkehrten und sich an nichts mehr erinnern wollten. Der Berg war für uns alle eine große Chance, und so sehr der Tod von Günther schmerzte, so waren wir uns doch bewusst, dass die Mannschaft damals nachweislich alles Menschenmögliche getan hat. Wir blieben Reinhold gegenüber stets loyal und hatten nichts zu verdrängen. Reinhold hingegen ist in einer ganz anderen Lage, nach dem Tod des eigenen Bruders lebt er sicherlich mit einer schwärenden Wunde.

Bei jedem Treffen der Expeditionskameraden kamen wir über all die Jahre immer wieder auf den Nanga Parbat und zwangsläufig auf Reinhold und Günther zu sprechen. Da wurden jedes Mal gleichsam Schlüssel zu bis dahin Vergessenem ausgetauscht, und stets wurden wir fündig: »Kannst du dich noch erinnern, wie Gert beim Pinkeln ins Seil stürzte? ... Wie Felix seiner Zahnbürste nachhechtete und fast mit in die Spalte gefallen wäre? ... Warum nur hat Reinhold damals keine Hilfe angefordert? ... Ob Günther eher da oder dort starb?«

Der Nanga Parbat lebt in uns fort, denn zum Glück hat der Mensch ein sehr gutes »episodisches Gedächtnis«, und der Gedankenaustausch mit den Weggenossen hielt es zudem wach oder frischte es auf. Nach der Expedition wurden darüber hinaus Bücher publiziert, in denen Aussagen von Teilnehmern, die heute nicht mehr leben, dokumentiert sind. Auch schriftliche Aussagen von Reinhold sind darunter, doch will er heute nichts mehr davon wissen oder stellt sie als falsch verstanden dar, da sie sich nicht in die Erklärungen fügen, die er heute verbreitet.

Und dann kann ich noch auf mein Tagebuch zurückgreifen, wie auch die meisten anderen Teilnehmer. Dort finde ich die Vergangenheit wieder: Assoziationen und Erinnerungen, Lebensfetzen und auch Enttäuschungen. Ja, ich erinnere mich gut, doch erst das Tagebuch lüftet den Nebel, bringt die Farben und Gerüche zurück. Vieles jagt mir durch den Sinn, glückliche Augenblicke genauso wie Niedergeschlagenheit am Berg, Erlebnisse mit den Trägern, den Berggefährten, das Drama mit Günther Messner, die vagen Aussagen von Reinhold –

vieles weit weg, anderes wieder ganz nah. Wie üblich schrieb ich auch mein Nanga-Parbat-Tagebuch nur sporadisch und ohne Datum, ohne Zeit- und Höhenangaben. Nie brachte ich es fertig zu schreiben: »Liebes Tagebuch! Heute stand ich um 7 Uhr mit dem linken Fuß auf … « Immer waren es spontane Einträge: Um Zusammenhänge zu ergründen, um Raum zu schaffen für neue Erlebnisse, um Reflexionen Raum zu geben. Rückblickend erkenne ich: Beim Bergsteigen ging es mir von früher Jugend an immer auch um eine Sehnsucht nach Transzendenz. Der Nanga Parbat brachte mich ein großes Stück auf den Weg, mich aus dem engen Kokon des Ichs zu befreien und der Seele Flügel zu verleihen. Und das Tagebuch führt mich auch ganz konkret zu den Gedanken, die ich mir schon damals am Berg über das Messner-Drama machte.

Es ist traurig und anregend zugleich, sich in der Vergangenheit zu verlieren, sich selbst wiederzufinden, der man einmal war und der im Gegenwärtigen enthalten ist. Wie ein Tröpfeln von Regen traf mich die Vergangenheit.

Wenn ich also nach über dreißig Jahren über die Expedition schreibe, kann ich bei den wichtigsten und nachhaltigsten Ereignissen durchaus auf die Erinnerung bauen und auf Aufzeichnungen zurückgreifen. Ich möchte dabei versuchen, die Expedition von der individuellen Seite zu betrachten. Was für Menschen waren da unterwegs? Was bewegte sie? Was suchten und was fanden sie? Wie standen sie zueinander? War wirklich nur der Gipfel ihr Ziel?

Ich gestehe, ich habe bisher nur wenige Bergbücher in die Hand genommen. Bis zu den Anschuldigungen von Reinhold Messner hatte ich noch kein Buch von ihm gelesen, es nicht einmal geschafft, die beiden vor über dreißig Jahren publizierten Bücher über die eigene Expedition zu Ende zu bringen. Was mir das Lesen von Expeditionsbüchern so vergällt, ist die bemühte Thematik des ständigen Kampfes mit dem Berg, die abgedroschenen Geschichten von Kampf und Entbehrung. Das klingt mir zu sehr nach Krieg. Ich hatte am Berg höchstens mit mir selbst zu kämpfen. Ja, gerade beim Expeditionsbergsteigen werden Schwächen und Stärken offenbar, liegen Euphorie und Tragödie oft sehr nahe beieinander. Der Nanga Parbat, der »Nackte Berg« hat uns bei unserer Expedition eindringlich gezeigt, wie er zum Spiegel der menschlichen »Nacktheit« werden kann. Wenn nur der Berg das Ziel bleibt, dann ist das Ziel verfehlt.

Natürlich wird dort oben, in der Steilwand eines Achttausenders, von einem körperlich alles abverlangt. Aber man erlebt auch wunderbare Tage und Nächte mit loyalen Gefährten, es wird gefeiert, geteilt, gelacht, erzählt, man hilft sich gegenseitig und leidet gemeinsam.

Wie schon gesagt, entstand dieses Buch nicht ohne Absicht. Ich habe eine Erklärungspflicht zu erfüllen: Niemand soll sich schämen müssen, bei der Expedition dabei gewesen zu sein. Ganz besonders fühle ich mich den toten Teilnehmern verpflichtet, wobei ich vor allem an Peter Scholz und Felix Kuen denke, die sich gegen Reinholds kaum versteckte Anschuldigung, sie hätten das Erreichen des Gipfels einer Hilfeleistung vorgezogen, nicht mehr wehren können. Die Umstände, die zum Tod Günther Messners führten, bilden deshalb gewissermaßen den Brennpunkt meiner Darstellung.

Ich werde dabei bewusst des öfteren zwischen Vergangenheit und Gegenwart wechseln und versuche orientierungshalber eine Weitwinkelversion zu geben, in der ich selbst die Sache inzwischen betrachte.

Wenn ich Erlebnisse und Gedankengänge von Kameraden manchmal sehr unmittelbar aus deren Perspektive beschreibe, dann halte ich mich neben persönlichen Erinnerungen vorwiegend an ihre späteren Erzählungen oder schriftlichen Schilderungen. Bei der Vergegenwärtigung wichtiger authentischer Situationen, die ich möglichst direkt zur Geltung bringen werde, geht es mir ausschließlich darum, die so lange verdunkelten Geschehnisse ins Licht zu rücken.

Der Nanga Parbat, »Schicksalsberg der Deutschen«

Einladung zur Expedition

Im Jahr 1969 war ich 21 Jahre jung, hatte davon dreizehn Jahre buchstäblich auf Bäumen und acht in Felswänden verbracht – von klein auf zog es mich in luftige Höhen –, als ich mich auf meine »Karriere« zu konzentrieren begann: Ich wurde Nomade.

Mit engen Bergfreunden aus München, alle auf der Suche nach Abenteuer, Sinnfindung und Flucht vor der Normalität, startete ich im Februar des gleichen Jahres zu einer Expedition nach Peru und Bolivien, in die Bergwelt der Cordillera Blanca und Apalabamba.

Ich weiß nicht, ob jemals eine vergleichbar mickrige offizielle Bergexpedition mit so hoch gesteckten Zielen ins ferne Südamerika aufgebrochen ist. Unsere Finanzmittel waren derart gering, dass sie für die kürzeste Schiffspassage nach Venezuela nur »one way« reichten. Wir reisten frei nach dem Motto: Das Leben lässt sich auch mit Optimismus bewältigen, irgendwie werden wir wieder nach Hause kommen. Die Vision war uns wichtiger als Sicherheit.

Wir führten Motorräder mit, auf deren Gepäckträgern in selbst gebauten Holzkisten die gesamte Expeditionsausrüstung lastete. Viele tausend Kilometer waren zu bewältigen, über Sand- und Waschbrettpisten, durch Venezuela, Kolumbien und Ecuador, bis wir endlich Peru erreichten. Keiner von uns aß je wieder so viel Sand und Bananen wie auf dieser Strecke. Unsere damalige Expedition war äußerst erfolgreich.

Alle Routen waren Erstbegehungen und viele sogar Erstbesteigungen.

Nach unseren gemeinsamen andinistischen Abenteuern zer-
stoben die Freunde in alle Windrichtungen, das Studium rief
sie. Die meisten fanden Frachtschiffe für die Heimreise, »Passage gegen Arbeit« hieß dabei die Devise. Ich hingegen blieb
vorerst in La Paz – meine Reise sollte ohnehin erst 28 Jahre
später halbwegs enden.

Hans Saler 1969 in der Salzwüste von Nord-Chile

Drei Wochen nach der Expedition, inzwischen hatten wir Juni, erhielt ich aus heiterem Himmel einen Brief von Dr. Karl
Maria Herrligkoffer. Es war eine Einladung zu dessen nächster Nanga-Parbat-Expedition, die er für das darauf folgende
Jahr geplant hatte.

In den Himalaya – das war die Weihe! Ein solcher Ruf galt wie
ein Ritterschlag am Hof von König Artus.

Eine neue Vision dämmerte am Horizont, ein weiterer Blick
über den Tellerrand. Ich war jung und mein Selbstvertrauen

grenzenlos. Zu dieser Zeit war ich verliebt in das Wort »Apalabamba«, und so lief ich in meiner Vorfreude, die ich mit niemandem teilen konnte, durch die Gassen von La Paz und sprach gebetsformelartig »ApalaNanga« wie ein Zauberwort vor mich hin.

Schon am nächsten Tag fand ich einen Fluggast, dem ich meinen Antwortbrief für Dr. Herrligkoffer nach Deutschland mitgeben konnte, dessen kurze Aussage lautete: »O.K., bin dabei, kann aber mit keinem Pfennig beitragen!«

Tags darauf fiel im Zentrum von La Paz ein Schuss und unmittelbar neben mir stürzte ein bärtiger Mann tot zu Boden. Polizisten sprangen aus Autos, ich machte schnell ein paar Fotos und nahm dann schleunigst die Beine unter die Arme. Was ich erst Stunden später erfuhr: Ich hatte die einzigen authentischen Bilder von der Ermordung des Nachfolgers von Che Guevara, des Revolutionärs Inti, geschossen. Fünf Monate später, als ich bereits mit dem Motorrad auf Feuerland unterwegs war, kaufte ich vom Erlös der Fotos eine Passage mit dem Schiff nach Europa – für mich das Traumschiff zu neuen, unbekannten Ufern, zum Nanga Parbat!

Herrligkoffer stellte damals eine sehr junge Mannschaft zusammen, von der sich noch keiner so richtig gesellschaftlich etabliert hatte. Gert Mändl, Peter Vogler und ich zählten erst ganze 22 Jahre, Günther Messner und Gerhard Baur 23 Jahre. Die verschiedenen Tourenberichte von uns allen aber lasen sich wie aus dem »Who is who«. Vom Namen her kannten wir uns alle, aber untereinander hatten nur einige wenige persönlichen Kontakt. Auch mein langjähriger Freund Peter Scholz war mit von der Partie, der Einzige von uns mit Himalaya-Erfahrung. Peter hatte Herrligkoffer bereits zwei Jahre zuvor zur Rupalwand begleitet. Peter Habeler, der später mit Reinhold Messner als Erster ohne künstlichen Sauerstoff auf dem Everest stand, gehörte anfangs auch dazu, sprang dann aber ab, um in den USA zu heiraten. Auch der Spitzenbergsteiger Sepp Mayerl aus Österreich sagte ab. Er war dem Expeditionsleiter Herrligkoffer gegenüber sehr skeptisch und wechselte lieber zur österreichischen Expedition zum Lhotse Shar über, einem Nebengipfel des Lhotse in der Everest-Gruppe, bei der er dann erfolgreich war. Für ihn kam Günther Messner in die Mannschaft, und zwar nach Intervention seines Vaters und natürlich auch seines Bruders Reinhold.

Da hatte sich eine ganze Farbpalette verschiedener Charaktere zusammengefunden, vom Egoisten über den Pragmatiker bis hin zum Asketen und zu anderen Sonderlingen. Individualität ist nun einmal ein zentraler Wert unserer Existenz, wie sich jedoch ein solches Durcheinander menschlicher Verschiedenartigkeit zu einem übereinstimmenden Team formen sollte, war Herrligkoffers Sorge nicht. Doch eines war bei dieser Mannschaft sicher: In keinem mussten erst große Ambitionen und Motivation geweckt werden, denn jeder war bereit, alles zu geben. Dies war zunächst auch das Bindemittel, das die unterschiedlichen Charaktere zusammenhielt.

Herrligkoffer war ein Schachspieler, ein planender Stratege, das junge Durchschnittsalter der Mannschaft war mit Sicherheit kein Zufall. Wir brachten geringe Ängstlichkeits- und hohe Optimismuswerte mit, kurz gesagt, wir waren risikobereit. Risiko ist janusköpfig, bedeutet nicht nur Gefahr, sondern auch Chance. Die Chance dieser Expedition lag darin, erstmals die höchste und bis dahin schwierigste Wand am Dach der Welt zu durchsteigen. Gleichzeitig konnte Herrligkoffer anhand unserer Tourenberichte davon ausgehen, dass wir eine ausreichende Wahrnehmungsfähigkeit und die nötigen Instinkte besaßen, um uns auf dieses Abenteuer einzulassen. Denn das Verhalten in riskanten Situationen ist entscheidend davon abhängig, wie ein Bergsteiger Gefahren spontan und richtig einschätzen kann, und nicht zuletzt darauf kommt es bei einem solchen Unternehmen an.

Aufbruch zum Nanga Parbat

Die ersten Apriltage zeigten sich regnerisch und kalt. Sammelpunkt der Expedition war die Plinganserstraße in München-Obersendling, hier lebte Dr. Dr. med. habil. Karl Maria Herrligkoffer. Seine großzügige Altbauwohnung war nicht nur Wohnstätte, sondern auch Sitz seiner gut gehenden Arztpraxis und Drehscheibe des Instituts für Auslandsforschung. Von hier waren bereits alle seine neun vorausgegangenen Expeditionen gestartet.

Drei volle Tage packten wir die Lastwagen. Neun Tonnen Ausrüstung in je 30 Kilo schweren Kisten und runden Behältern mussten aus den verschiedenen Garagen und Kellern zusammengetragen werden, und wir waren nur zu fünft!

Zwei Tage vor unserem Aufbruch schlug uns Peter vor, am Abend noch auf ein Stündchen zur Musikhochschule zu gehen, dort könnten wir etwas trinken und einer Studenten-Jazzgruppe zuhören. Ich mache mir nichts aus Jazz, ließ mich aber überreden. Und weil der übermütige Gott Amor jemanden foppen wollte, führte er die Querflötistin ausgerechnet in meine Arme oder mich in ihre. Auf jeden Fall trafen die Pfeile und schon waren zwei Menschen unglücklicher als zuvor.

Der 8. April 1970 ist der ersehnte Tag des Aufbruchs. Mit drei voll beladenen MAN-Lastwagen und dem VW-Bus von Peter Scholz verlassen wir München. Der Oberbürgermeister Hans-Jochen Vogel, die »fliegende« Mannschaft Herrligkoffer, Alice von Hobe, Wolf Bitterling, Hermann Kühn, Reinhold Messner und Max von Kienlin sowie einige Familienangehörige und Freunde verabschieden uns.

Mein Blick kann sich nur schwer von der Mutter lösen, mit einer Hand winkt sie, in der anderen hält sie ein Taschentuch und wischt sich die Tränen ab. Die Geste drückt ihre gespaltenen Gefühle aus, einerseits die Angst um mich, andererseits lebe ich mein Leben, ein Leben, das sie auch gerne geführt hätte. Früher sagte sie immer: »Komm mir gesund wieder,

Junge!« So lief es jedes Mal ab, so weit ich zurückdenken kann, doch diesmal sagt sie: »Komm mir gesund wieder, Hans!« Seit meiner Rückkehr aus Südamerika bin ich für sie erwachsen geworden.

Verabschiedung der Expedition am 8. April 1970 durch OB Hans-Jochen Vogel

Stets begleitete sie mich mit ihren Gedanken, auch in der schwierigsten Wand – oder vielleicht gerade dort! Sicher begriff sie nicht immer mein Suchen und Wollen dort oben, doch wenn andere mein Tun in den Bergen als Torheit oder gar Verantwortungslosigkeit abtaten, stand sie immer auf meiner Seite. Wen man liebt, den glaubt man zu verstehen.
Sie war es auch, die mich in die Berge mitnahm und – vielleicht ungewollt – den Funken meiner Leidenschaft für die Berge mit ihrer Schönheit und ihren Gefahren entzündete. Ich war gerade dreizehn Jahre alt, als dieser Funke zu Feuer entflammte, ab jetzt waren es die senkrechten Felswände, die mich anzogen.

23

Und nun war sie es, die verzichtend zu Hause blieb. Wenn ich von einer Bergtour heimkehrte, erwartete sie mich immer schon am Fenster. Wurde es sehr spät, so trieb sie ihre Unruhe vor die Tür. Sie teilte alle Erlebnisse, frohe wie bittere, mit mir, als sei sie dabei gewesen.

Ich wurde immer waghalsiger. Die Schwerkraft mochte für den Schulunterricht taugen, für mich schien sie nicht zu gelten. Meine Vorliebe galt dem Alleingang. Mit vierzehn Jahren durchstieg ich Wände im höchsten Schwierigkeitsgrad seilfrei, der kleinste Fehler wäre tödlich gewesen. Später starben Bergfreunde auf gemeinsamen Klettertouren, ich blieb der Überlebende. Die Mutter sah mich mit Erfrierungen oder einem vom Steinschlag zerschmetterten Arm heimkommen.

Woher nahm sie nur die Kraft, einen Sohn wie mich zu ertragen und nicht ständig mit Vorwürfen ihre berechtigten Sorgen geltend zu machen?

Manchmal schimpfte sie wohl, wenn zum Beispiel die Löcher in den Socken ihre Mäuler gar zu gierig aufrissen. Und doch lag in allem nur Liebe, Liebe auch in der Geste, mit der sie schnell und heimlich noch etwas in den prallen Rucksack stopfte oder mit der Hand verstohlen über das Bergseil strich. Sie gab, wo ich unbekümmert nur nahm. Ich erlebte meine prägendsten Jahre in den Bergen, sie begnügte sich mit dem Abglanz der Schönheit, die ich von den Bergen mit nach Hause brachte: leuchtende Augen, begeisterte Berichte, ein paar Bilder.

An diesem Tag der Abfahrt zum Nanga Parbat schwor ich mir, auch ihr einmal die Welt zu zeigen. Später trampten wir dann mit Rucksäcken gemeinsam durch Afrika, bestiegen den Kilimandscharo, reisten über Land nach Nepal, fuhren mit einem Geländemotorrad durch den Urwald Boliviens, segelten an den Küsten Venezuelas und Kubas, wanderten in den Bergen Kanadas, um nur einige gemeinsame Reisen zu nennen. Ich habe mein Versprechen gehalten.

Noch einige Tage sausen meine Gedanken an die Mutter und das Flötenmädchen wie Weberschiffchen hin und her, hinauf und hinab, dann nimmt mich die zunehmend fremdartige Welt ganz in Anspruch. Hier auf Reisen erlebe ich meine eigene Normalität. Mein fortwährendes Fernweh ist wahrscheinlich der Nachhall einer Zeit, als ständiges Nomadentum die einzige menschliche Lebensform war.

Eigentlich müsste ich an dieser Stelle korrekterweise dreizehn Bergsteiger und eine fünfköpfige Basislagermannschaft listenmäßig aufführen, will jedoch die einzelnen Mannschaftsmitglieder lieber im Laufe des Expeditionsgeschehens vorstellen.

Wie aber steht es mit der eigenen Person? Das wichtigste Wesen auf Erden ist sich jeder selbst, die Engländer sind da sehr ehrlich, sie schreiben nur das »Ich« groß. Wer sich für andere selbst beschreiben will, neigt daher zu ausgesuchter Wortwahl: ziemlich ehrlich, tüchtig, intelligent, einfühlsam, tolerant. Jeder will sich von seiner guten Seite zeigen, denn je besser uns die Selbstdarstellung gelingt, desto schneller und nachhaltiger beeindrucken wir im Vorfeld – die Macken und Marotten bemerkt unser Gegenüber dann noch früh genug.

Die Eigenwahrnehmung ist immer verzerrt, denn es fehlt an Abstand. Da nützt es auch nichts, sich von weitem im Spiegel zu betrachten. Demnach kann ein Mensch sich überhaupt nicht selbst beschreiben. Entweder erkennen ihn dann seine Freunde nicht mehr, oder er fängt an, sich selbst in Frage zu stellen.

Eines kann ich aber mit Gewissheit über mich sagen: Ich war immer ein »Hans im Glück« und durfte meine Bestimmung ausleben. Fast dreißig Jahre zog ich frei von jeglichem materiellen Ballast durch die Welt. Dann gab ich das Nomadentum auf und siedelte mich mit meiner niederländischen Frau in Chile an, wo wir heute mit drei Hunden und zwei Lamas am Fuße eines glimmenden Vulkans leben.

Fremde Welt

Österreich, Jugoslawien und Bulgarien liegen längst hinter uns, nach tagelanger Reise sind wir mittlerweile in einer uns fremden Welt. Täglich sind wir vierzehn Stunden auf Schotterpisten und gewundenen Passstraßen unterwegs. Im VW-Bus fahren Peter Scholz, der Kameramann Gerhard Baur, unser Fotograf Jürgen Winkler und ich als Ersatzrad. Die Zehntonner mit dem Rest der Mannschaft steuern Günter Kroh, Elmar Raab und Gert Mändl, niemand kann sie ablösen. Als VW-Bus-Team haben wir die größere Freiheit und Beweglichkeit. Wir filmen, fotografieren, suchen Rastplätze, halten Kontakt zu den anderen, genehmigen uns Ausflüge. Meist nächtigen wir in billigen Hotels und essen Knoblauch um die Wette. In einem Hotelzimmer, das ich Tage später im Iran mit Günther Messner teile, rücken wir die Betten von der Wand, nehmen die Schuhe, um den Bettwanzen das Sterbeglöcklein zu läuten, erschlagen davon 26 Stück und lassen uns von den Davongekommenen doch noch einen Schwimmreif tätowieren.

Günter Kroh

Wer als Beifahrer bei Brummikapitän Günter Kroh mitfährt, muss gut mit sich selbst zurechtkommen. Günter braucht keine überflüssigen sprachlichen Schnörkel, denn er kommuniziert sehr selektiv und in äußerst geringen Dosen, ja meist spricht er gar nicht. Er lebt mit einem Augenzwinkern, ohne dabei unseriös zu sein. Ihn zeichnen Humor, Witz und originelles Denken aus, eine Gabe, die viele haben, nur dass Günter dabei nicht einmal den Mund zu öffnen braucht. Wenn er doch etwas sagt, kommen seine Pointen so gezielt und trocken aus dem Hinterhalt, dass man sich entweder am besten sofort verschanzt oder mit noch größeren Geschützen dagegenhält. Er ist sozusagen ein sprachlicher Heckenschütze. In großen Höhen unter dem Einfluss von verminderter Sauerstoffaufnahme kann er zu einem schelmischen Erzähler mit Lust am Skurrilen werden. Seine Stärke liegt im Fels. Noch heute klettert er in den höchsten Schwierigkeitsgraden. Günter ist mit jeder Faser Diplomingenieur und funktionell orientiert: diszipliniert, exakt und ausdauernd. Diese Fähigkeit bringt er auch am Berg ein. Nach der Expedition spezialisierte er sich auf Flugsicherheit im Cockpit. Ich stelle mir vor, er arbeitet da als Dummy und wird mit 800 Stundenkilometern gegen eine Betonwand katapultiert. Er ist dafür geradezu prädestiniert, weil er mutig ist und nie klagt. Ein schneller Lebensrhythmus ist ansonsten seine Sache nicht. Günter macht sich nichts aus prätentiöser und statusorientierter Oberflächlichkeit, sein persönliches Wertesystem kreist um Bescheidenheit, Schlichtheit, Ernst und Sicherheit. Und weil er bei Frauen diese Werte nicht in seinem Sinne zu erkennen glaubt, lebt er friedlich in seinem Junggesellen-Kokon. Seit der Expedition schickt er mir zwei Mal im Jahr eine Postkarte von irgendwoher – ich erkenne sie an der unbeschriebenen Rückseite.

Immer wieder werden unserer Wahrnehmung neue Bildschichten aufgetragen. Einmal wirkt der Orient schläfrig, dann wieder brodelt das Leben. Die Orientalen machen uns vor, wie man auch leben kann: Statt Zeit zu sparen, nehmen sie sich Zeit. Wir sind es, die Schwierigkeiten haben, die für uns bizarr wirkende Normalität dieser Menschen zu verstehen. Gerade im deutschsprachigen Raum werden wir in einem heimlichen Lehrplan auf Beschleunigung und Zeitsparen gedrillt und lernen, alles schneller und möglichst mehrere Dinge gleichzeitig zu tun. Selbst in einen Komposthaufen schütten wir Chemie, weil wir den natürlichen Fäulnisprozess nicht abwarten können. Hier dagegen sitzen wir sieben Stunden an einer Grenze, weil sich der Zöllner für uns keine Zeit nimmt. Vielleicht ist er damit beschäftigt, dem Fäulnisprozess seines chemiefreien Misthaufens zuzusehen? Die Leute in der Heimat haben in ihren Hamsterlaufrädern oft vergessen, worum es in ihrem Leben geht, was ihre existenziellen Ziele und Sehnsüchte sind. Die Menschen hier wissen es: Es ist die »Siesta«!

Man sagt, die höchste Form des Verstehens sei das Nacherleben, und so fangen wir an, mittags dreißig Minuten Siesta zu halten. Dann drücken wir auch schon wieder die Lochkarte und das Gaspedal und wiegen uns in dem Gefühl, bereits recht zünftige Orientalen zu sein.

Gewöhnlich bricht der Konvoi um 5 Uhr morgens auf. Wer keinen Wagen zu steuern hat, läuft schon um 4 Uhr los. Wir sind alle Laufmaniacs, brauchen einfach die Bewegung als Ausgleich zum langen Sitzen. Irgendwann holen uns dann die Fahrzeuge ein. Wir vom VW-Bus-Team machen nachmittags dann noch ein ausgiebiges Konditionstraining.

Jürgen Winkler

Jürgen Winkler ist unser bester Allroundsportler, wenn die Beine versagen, dann läuft er auf Händen weiter. Jürgen kultiviert die leisen und eindringlichen Töne, kann aber auch explosiv werden. Seine größte Stärke, zugleich seine größte Schwäche ist die Perfektion, mit der er sich selbst so manche Grenzen setzt. Zu dieser Zeit war er der konkurrenzlos beste Bergfotograf, später sollte er viele Bücher und Kalender publizieren. Das bekannteste Werk dürfte sein Bildband »Himalaya« sein, für den er den Europäischen Bergbuchpreis bekam. Für seinen Schwarzweißband »Aus den Bergen« erhielt er den Prix Mondial du Livre Montagne. Jür-

gen ist darüber hinaus berufenes Mitglied der Deutschen Ge-
sellschaft für Photographie. Im Buch »Das andere Bild der
Berge« nimmt er den Weichzeichner von der Linse, demons-
triert die zur Arena verkommenen Berge in derart erschüt-
ternder Weise, dass auch eine rosa Brille nicht mehr davor
schützen würde, ins Nachdenken zu kommen. Darin findet
sich ein Werbebild vor einem Berghintergrund: Man sieht einen strahlenden Reinhold Messner als lebensgroße Pappfigur
mit einer Flasche 80-prozentigem Strohrum in der Hand.
Ich kenne keinen Menschen mit einer feineren Wahrnehmung für die Natur, für die natürliche Zauberwelt um uns
herum als Jürgen. Mit der Kamera in der Hand wird er zum
Selbst- und Weltvergessenen, sein Schauen ist noch lange
nicht beendet, wenn das Bild »im Kasten« ist – ein wahrer
Perfektionist! Trotz seiner Erfolge verkauft Jürgen nur seine
Bilder, nie sich selbst.
Als Fotograf und Bergführer ist er weltweit unterwegs, mehr
als hundert Trekking-Touren und Expeditionen hat er bereits
geführt. Als geborener Berliner lebt er seit mittlerweile über
drei Jahrzehnten in Oberbayern.

19. April 1970. Im totalen Verkehrschaos von Teheran wird die
Toleranzschwelle unserer Fahrer einer harten Prüfung unter-
zogen. Auf seltsame Weise gehorcht aber dieses scheinbar
heillose, bunte, lärmende Chaos irgendwie doch einer inneren Ordnung. Für uns im VW-Bus setzt sich der Toleranztest
fort, denn der MAN-Pressechef steigt zu, er soll einen Front-
bericht geben und die Lastwagen filmen. Graf von Mandels-
loh, der von uns sogleich umgetauft wird in »Mantelfloh«,
muss bei uns durch eine harte Schule gehen. Nach seinem
dritten Weinkrampf harmonieren wir endlich, danach aber
wird er uns schon bald wieder verlassen, diesmal mit gesenk-
ter Nase. Wir hätten uns fast aneinander gewöhnt.
In der Wüste Afghanistans ziehen unzählige Nomadenkara-
wanen gen Osten, denn hinter ihnen versiegen die Quellen.

Die älteren Frauen sitzen auf den hoch bepackten Kamelen, die jüngeren und die Kinder treiben die Ziegen, die Männer führen die Lasttiere. Einige hundert Meter von der Straße entfernt steht ein Dutzend bunter Nomadenzelte. Wir beschließen sie zu besuchen. Unser Mantelfloh beginnt durchzudrehen. »Die bringen uns um, die bringen uns um«, schreit er unentwegt. Während er sich im Wagen verbarrikadiert, gehen wir dem vermeintlichen Tod gefasst entgegen.

Die Nomaden bitten uns freundlich, auf einem Teppich Platz zu nehmen und servieren Ziegenmilch mit ziemlich viel Sand, der zwischen den Zähnen knirscht. Wir reden mit Händen und Füßen, zeichnen mit den Fingern in den Sand und ständig wird Ziegenmilch nachgegossen. Wir lassen uns Zeit, Mantelfloh soll ruhig noch etwas im geschlossenen Auto garen. Wieder zurückgekehrt, berichten wir ihm von jener Gastfreundschaft, über die sich nur zärtlich, also poetisch reden lässt. Nur eine Woche später prangte auf der Titelseite der Bild-Zeitung die schöne Schlagzeile: »Teilnehmer der deutschen Nanga-Parbat-Expedition trinken Muttermilch von Nomadenfrauen.« Und eine Woche später hieß es: »Wir teilten uns das Frühstück mit den Geiern.«

Wegweiser

Am Khaiberpass, diesem Schicksalsberg der Engländer, an dem 3.000 Soldaten in die Falle der Afghanen liefen und bis auf einen niedergemetzelt wurden, steht ein für uns ungewöhnlich bebildertes Verkehrszeichen: links für Autos, rechts für Kamele.

Genau an jener Stelle, wo die Passstraße innerhalb weniger hundert Meter in die unendliche Wüstenebene ausläuft, trat damals ein alter Mann aus dem Nichts und winkte uns, anzuhalten. Er wollte nur betteln, und so gaben wir ihm einige Naturalien. Doch damit war er nicht zufrieden, sondern forderte auch Geld. Wir sagten Nein und fuhren an. Da hob er einen Stein und warf ihn gegen das Auto. Peter stieg auf die Bremse, wir rannten ihm nach und gaben ihm eine Kopfnuss.

Drei Jahre später kam ich mit meiner Mutter des Weges, auch mit einem VW-Bus. »Schau, da unten war das mit dem alten Mann.« Kaum waren wir an der Stelle, tauchte der gleiche Alte aus dem Nichts auf. Da wir nicht anhielten, warf er einen Stein gegen unser Auto. Vollbremsung und Kopfnuss, wie gehabt!

Nach fast drei Wochen und 7.500 Kilometern erreichen wir endlich am 26. April unbeschadet Rawalpindi, eine von Farbigkeit, Schutt und vibrierendem Leben erfüllte Stadt. Auch die »fliegende« Mannschaft, von der alle beruflich zu sehr gebunden waren, um sich dem Konvoi anzuschließen, ist gerade eingetroffen. Sie bringen Briefe aus der Heimat

Rast am Lastwagen

für jeden von uns, für mich auch sechs Briefe von meinem Flötenmädchen. Sie plant, sich mit mir in Indien zu treffen.

Pakistan

Das Element der Unvorhersehbarkeit und des Zufalls gehört zum »richtigen« Reisen, doch gerade wenn es mit Bürokratie zu tun hat, gewöhnt man sich daran am wenigsten. Zehn Tage sitzen wir in Rawalpindi fest, denn irgendwo hoch oben im dichten Nebel der Ministerien stellt sich ein Beamter quer und will die Genehmigung einer Genehmigung einer Genehmigung nicht herausrücken. Die Bürokratie ist haarsträubend. Wir alle sind ungeduldig, das Leben in der Waagerechten macht uns »fiebrig«. Herrligkoffer rotiert, er besteigt seinen Nanga Parbat in den Amtsstuben. Jeden Morgen zieht er mit Wolf Bitterling und Alice von Hobe los, manchmal geht auch einer von der Mannschaft mit, und sie liefern sich mit den Bürokraten Scheingefechte. Aber Herrligkoffer lässt nicht locker. Das ist seine große Stärke, seine große Schwäche dagegen der Mangel an diplomatischem Geschick. Er reagiert sofort mürrisch, und das muss dann durch die Begleitcrew abgefedert werden. Einmal gehe ich mit, fungiere als Nippel am Stoßdämpfer, zu mehr tauge ich nicht, denn strenge Regeln, Willkür und Autoritäten lösen bei mir selbst Unmut aus. Der hohe Beamte suhlt sich in seiner Macht, kurzsichtig reicht sein müder Blick nur bis zur Auslegung so genannter Vorschriften. In seinen Augen leuchtet keinerlei Interesse. Uns trennen Welten. Während es Bitterling und Alice mit Diplomatie versuchen, entfahren Herrligkoffers mächtigem Unterkiefer nur drohende Grunzlaute und ich stehe wie ein Hanswurst dazwischen und es fällt mir nichts Besseres ein, als dem Beamten in Gedanken den Kopf vom Hals zu schrauben. Ohne Frage, wir waren kein Dreamteam!

Unser Begleitoffizier wird uns vorgestellt, Captain Saqi, groß, kräftig, erst 25 Jahre alt, aber eine starke Persönlichkeit. Das Gebiet um den Nanga Parbat ist wegen des Kaschmirkonflikts militärisches Sperrgebiet. Nur Herrligkoffer schafft es immer wieder, Genehmigungen zu bekommen. Er hat gute Beziehungen zu höchsten pakistanischen Regierungskreisen wie auch zu deutschen Politikern, die sich für ihn einsetzen. Die Expedition ist strikten Auflagen unterworfen, nicht umsonst stellt das Militär einen hohen Offizier ab.

Endlich hat Herrligkoffer alle Papiere in der Hand, da spielt das Wetter nicht mehr mit. Das Flugzeug kann nicht starten. Mehrere vergebliche Anläufe, zurück zum Hotel, Enttäuschung, lange Gesichter. Dann die Nachricht, die Straße von Jaglot im Industal sei durch Felssturz infolge der vorausgegangenen Regengüsse blockiert – jetzt gibt es noch längere Gesichter!

In Rawalpindi

Wir schlagen uns die Zeit hauptsächlich in den Basaren um die Ohren. Die Eindrücke dort sind stark, man befindet sich in einer eigenartigen Welt, in der sich Reales und Fantastisches in der Wahrnehmung vermischen.

Eine Woche lang versuche ich mit mäßigem Erfolg, den Messner-Brüdern im Hotelpool das Schwimmen beizubringen. Ihre Stärke liegt aber offensichtlich doch mehr im alpinistischen Bereich.

Dann endlich wird für den nächsten Tag Flugwetter vorhergesagt. Herrligkoffers Unterkiefer renkt sich wieder ein, ja es geht das Gerücht um, er habe gelacht. Noch bis spät in die Nacht entladen wir am Flughafen das Expeditionsgepäck aus den Lastwagen. Eine letzte französische Zwiebelsuppe nach Mitternacht im Hotel Flashman's, dann fallen wir müde und hoffnungsfroh in die Betten und fangen wieder an, vom Nanga Parbat zu träumen.

33

Flug nach Gilgit

7. Mai, sonniges Wetter, die Schwüle ist kaum auszuhalten. Das Flugzeug ist eine Fokker F 27 »Friendship«. Die Räder fegen über die Bahn, die Maschine richtet die Nase auf, Sekunden später reißt die Verbindung zum Boden ab. Die Landschaft zieht wie ein Film an uns vorüber. Häuser, Menschen und Tiere schrumpfen zu kleinen Spielzeugmodellen. Wolkenschatten fließen unter uns hindurch. Schnell gewinnen wir an Höhe, doch auch das Land steigt unmerklich mit an. Tief unter uns ein Gewirr von Tälern und Schluchten, über endlose Gebiete dehnen sich Rodung um Rodung, erodierte Berghänge und ausgewaschene Hangfalten, Landflecken wie Wunden in der Landschaft. Die Ockerfarbe dominiert bis zum Horizont. Da und dort ducken sich einzelne Gehöfte mit Weideland, ansonsten nur Verzweigungen in der Tiefe, denen das Auge nicht folgen kann. Die ersten Wolken, in die wir eintauchen, werden zu fliegenden Pfeilen. Gespannt drücke ich wie alle anderen die Nase gegen das Fenster. Machen die Wolken auf? Wer sieht den Nanga Parbat zuerst?

Endlich lichten sich die Wolken, erste Sonnenstrahlen zerschleißen das Nebeltuch, Lichtbündel schießen herab. Ein großes Loch reißt auf und gibt drei, vier Atemzüge lang die Sicht nach unten frei. Eine regelrechte Steinsavanne dehnt sich unter uns aus, bewegten Wellen gleich, die sich im fernen Wolkenmeer verlieren. Alle drängeln wir uns an der rechten Fensterseite.

»Da, da, der Nanga Parbat!«

»Wo, wo?«

»Mein Gott, da ist er!«, ruft ein anderer.

Mein Herz schlägt wie eine Tanztrommel. »Mein Gott«, wiederhole ich, »da ist er, unser Nanga Parbat, unser Berg!«

Das ist einer jener Augenblicke, in denen man einen Atemzug lang die Luft anhält und die Augen ruhelos nach einem Halt suchen, um die Sinne wieder ins Lot zu bekommen. Dann

schält sich der Berg ganz aus den Wolken. Seine leuchtende
Erscheinung beherrscht das weite Panorama, und ich möchte
glauben, dass nachts auf seiner Spitze die Sterne ausruhen,
um erst dann ihre Reise fortzusetzen. Vor uns die Gipfel des
Karakorum und des Himalaya, aufgereiht wie Perlen auf der
Schnur. Ich kann es kaum fassen, dass ich sie schauen darf,
dass ich schon bald mit eigenen Füßen in der Wand eines
Achttausenders stehen soll, dabei nicht nur in der höchsten
Steilwand der Erde, sondern auch noch in der schwierigsten,
die je am Dach der Welt versucht wurde.

Blick von Norden auf den Nanga Parbat

Als der Nanga Parbat 1895 erstmals von dem Engländer Mum-
mery angegangen wurde – er und zwei Träger kamen dabei
ums Leben – wurde gerade meine Großmutter geboren. Bis
1953 Hermann Buhl unter der Expeditionsleitung von Karl
Maria Herrligkoffer am Gipfel stand, gab es schon 31 Todes-
opfer. Ich war noch keine sechs Jahre alt, da waren mir der
Nanga Parbat und der Bergsteiger Hermann Buhl bereits ein
Begriff.

35

Die frühen Expeditionen mussten sich dem Nanga Parbat noch mit wochenlangen Anmärschen nähern. Hätten sie zu ihrer Zeit den Berg erstmals vom Flugzeug aus gesichtet so wie wir, wären sie vermutlich gleich umgekehrt.

Peter Scholz boxt mich in die Hüfte, ich boxe zurück, ohne die Nase von der Scheibe zu nehmen. »Mensch, Peter, du und ich hier, dafür trage ich dich 500 Meter!« Wir waren noch keine abgefuckten Freaks – man entschuldige mir diesen Ausdruck –, für uns war das Dach der Welt noch eine Herzens- und durchaus auch Tränenangelegenheit und vor allem eine riesige Chance, die uns das Leben bot. Damals waren die Achttausender noch nicht mit Geld zu erkaufen!

Irgendwann löse ich doch den Blick vom Fenster, packe Peter an der Knopfreihe seines Hemdes und er mich an meiner. Wir schauen uns wie Luchse in die Augen. »Vertrauen gegen Vertrauen«, sagen wir mit drohend klingender Stimme zueinander. Jene, die es mitbekommen, befürchten Schlimmes. Gut zehn lange Sekunden halten wir unbewegt die Stellung, lassen dann voneinander, lachen und schauen die anderen fragend an, was es hier so Interessantes zu sehen gäbe, während doch der Nanga Parbat vor dem Fenster immer näher rückt. Peter und ich hatten schon immer geheimnisvolle Rituale, jeder durfte sie sehen, aber wir lieferten dazu nie Erklärungen.

Je näher wir dem Nanga Parbat kommen, um so turbulenter wird die Luft, Druckböen schütteln die Maschine und Luftsäcke lassen sie fallen – schaukelnd tanzen uns die Berge vor den Augen. Der Pilot lässt uns trotzdem ins Cockpit. Gerhard Baur filmt und stößt dabei in etwas unartikulierter Weise immer wieder die Worte »Wahnsinn, Wahnsinn« hervor. Der Pilot umkreist den Nanga. Die Rupalwand faltet sich auf, ich spüre, wie es mir den Brustkorb einschnürt, wie das Atmen schwer fällt, die Finger sich verkrampfen, so dass das Weiße an den Knöcheln hervortritt. Mehr als 4.500 Meter Wand, senkrecht, unnahbar. Drohend blinken überhängende Abbrüche, schildartige Flanken, himmelstrebende Pfeiler und wild gezahnte Grate zu uns herüber. Türme und Zacken aus grauem Gestein, elementare Gebilde, gewaltig, bizarr.

Was sollen wir in dieser Wand? Lauert hier der Tod? Werden wir alle zurückkehren? Kann hier je einer den Gipfel erreichen? Zugegeben, ich spüre Angst, ich glaube wir haben alle Angst, aber wir sind dem Nanga Parbat, dem Zauber seiner Unnahbarkeit schon verfallen. Zugleich ist mir bewusst: Die unheimliche Anziehungskraft einer solchen Steilwand kann nur der miterleben, der sich hineinwagt in diese fremde, unerbittliche, betörende Welt. Für diese Wand muss mehr aufgebracht werden als normale Leidenschaft, weil sie im wahrsten Sinne des Wortes Leiden schafft. Sie ist nicht mit Können allein zu überwinden, sie bedarf vor allem der Kraft eines inneren Feuers. Im Wollen liegt die Kraft. Gelingt es der Hoffnung, ein genaues, erreichbares Ziel zu stecken, dann wird sie beflügelt, bestärkt und gibt einem die erforderliche Kraft. Hoffnung ist nicht nur Traum, sie ist Zuversicht, die Schwester des Willens.

Als die Maschine wieder vom Berg abdreht, verteilt Michl Anderl Zettel mit dem Nanga-Parbat-Lied und wir stimmen geschlossen ein, selbst Günter Kroh bewegt die Lippen: »Nanga Parbat, Berg unserer Sehnsucht, morgen gehörst du uns.« Waren wir vorher emotional aufgeladen, so werden wir jetzt auch noch sentimental – wir wachsen als Gruppe zusammen.

Das Fahrwerk fährt scheppernd aus. Mitten in dieser himmelragenden Wüstenei öffnet sich gnädig eine schmale Kerbe, das Gilgittal. Sich von der übrigen Landschaft abhebend, leuchtet es in verschwenderischem Grün. Es ist unverkennbar Frühling, die Natur prahlt mit ihren frischesten Farben, im Talgrund blühen die Pfirsichbäume wie rosa Blumensträuße, die Büsche protzen im Frühlingsbrautgewand.

Die Hochträger erwarten uns schon am Flugfeld, wir werden von ihnen nicht nur mit Worten, sondern auch mit dem Herzen willkommen geheißen. Mein erster Eindruck ist, als würde hier eine Abordnung von Tiroler Bergbauern stehen: viele groß, breitschultrig, einige sogar mit hellem Haar und blauen Augen. Es ist nicht zu verkennen, dass einst Alexander der Große mit seinen Truppen bis hier ins Hunzatal kam.

Mein Freund Peter Scholz

Peter war ein Zugvogel der unverdrossenen Art, der sich auch unbekümmert in unbekannte Lebenssituationen vorwagte. Sein entgegenkommendes, gefestigtes und heiteres Wesen verschaffte ihm viele Freunde – ein James Dean der Berge. Peter wurde in der ehemaligen Ostzone geboren und war noch ein Kleinkind, als er mit seiner Mutter nach München zog. Ihn reizte alles, was eine Herausforderung war. Die Zonengrenze war bereits dicht, nur gelegentlich gelang noch einigen Verwegenen die Flucht. Kein Problem für Peter. Zwei Mal überquerte er als Jugendlicher den Todesstreifen, besuchte über das Wochenende seine Verwandten und kehrte dann wieder zurück. Seine Mutter bekam jedes Mal fast einen Herzinfarkt, wenn sie das erfuhr. Zwischen Peter und mir bestand bereits damals eine ganz besondere Freundschaft, in der sich bestimmte Rituale eingespielt hatten. Etwas davon will ich verraten.

Peter Scholz

Wir kannten uns schon viele Jahre. Als uns die Wehrpflicht rief, konnten wir es einrichten, beim Hochgebirgszug in Berchtesgaden die Stube miteinander zu teilen. Dort waren wir eine kleine Gruppe von Extrembergsportlern: Kletterer, Skispringer, Rennläufer. Wir zwei waren mit Abstand die besten Kletterer. Einmal sollte einer französischen Offiziersdelegation der Einsatz des Hochgebirgszugs vorgeführt werden. Dabei musste ein verletzter Soldat über die senkrechte, spektakulär aussehende Westwand des Hohen Göll abgeseilt werden. Der Bataillonschef selbst gab vieren von uns den Befehl zum Rettungseinsatz. Da er nicht auf die Idee kam, ausdrücklich den Aufstieg über den Normalweg zu befehlen, war Peter und mir schnell klar, dass für uns beide nur die schwierigste Kletterroute gemeint sein konnte. Seilfrei stiegen wir in Rekordzeit durch die 400 Meter hohe Wand. Später erzählte uns der Zugführer, der käsebleiche Bataillonschef habe Blut und Wasser geschwitzt.

Peter war der zweitschlechteste, ich mit Abstand der schlechteste Soldat. Es war eine große Ehre, im Hochgebirgszug zu sein, und ich wurde nur deshalb nicht gefeuert, weil ich bereits die Eiger-Nordwand durchstiegen hatte. Sie hielten mich gewissermaßen als Vorzeige-Faktotum. Peter und ich teilten nicht nur die Begeisterung für die Berge und die Aversion gegen alles Militärische, wir waren auch beide ohne Väter aufgewachsen. Peters Vater wurde im Krieg unter einem einstürzenden Haus verschüttet und meinen erdrückte die Verantwortung für die Familie, als meine Schwester neun und ich sechs Jahre alt waren.

Es gab noch einen anderen Gefährten im Bunde: Kurt Bergmann. Noch mehr als die Berge verband uns drei ein gewisser satirischer Witz. Kein Aufwand war uns zu groß, die Umwelt damit zu verwirren. Wöchentlich wechselte die Inszenierung: Mal übernahmen wir Rollen aus Fernsehsendungen, wie zum Beispiel die Serie mit der Colliehündin »Lassie«, wobei einer von uns der Hund war, den wir im Kasernenhof an einem Baum »Gassi« führten. Ein anderes Mal spielten wir Personen aus unserem militärischen Umfeld. Kurzum: Das Militär war für uns eine geschlossene Anstalt und wir benahmen uns entsprechend. Es war der Versuch, unsere Träume und unser Vertrauen in die Menschen zu bewahren, als alles andere in uns erwachsen zu werden drohte.

Zwischen uns dreien entwickelte sich eine eigene Praxis: Die
»Nervenprobe«, bei der wir uns gegenseitig an der Knopfreihe
des Hemdes packten. »Vertrauen gegen Vertrauen«, hieß es
dann. Missdeutete einer das kleinste Nervenzucken des anderen, flogen auf beiden Seiten alle Knöpfe. Danach sammelten
wir sie auf Knien rutschend ein und nähten sie mühselig wieder an. Jeder von uns konnte darüber hinaus auf vielerlei Art
»Tragemeter« sammeln, die bei jeder noch so unpassenden
Gelegenheit wieder eingelöst werden konnten. Da konnte es
schon einmal vorkommen, dass man sich auf dem Rücken
des anderen ins Kino tragen ließ. 100 Meter Tragen konnten
auch dafür eingetauscht werden, sich füttern zu lassen. 300
Tragemeter waren beispielsweise ausreichend, von der Stube
quer über den Kasernenhof in die Kantine getragen zu werden, sich dort unter den erstaunten Blicken hunderter Soldaten das Essen einlöffeln, den Mund abwischen und dann
wieder Huckepack zurück in die Stube schleppen zu lassen.
Das Salutieren gegenüber einem Offizier in Huckepackstel-
lung brachte uns eine Woche Ausgangssperre ein.
Ein für uns üblicher Tick, über andere zu sprechen, war, sie in
die Rolle ihres vergangenen Lebens oder ihrer zukünftigen
Reinkarnation zu projizieren. Das hatte keineswegs mit Esote-
rik zu tun, es war für uns einfach eine andere Art, Menschen
zu betrachten. Selbstverständlich pflegten Peter und ich auch
auf der Nanga-Parbat-Expedition unsere eingespielten Rituale, was ab und an für Verwirrung sorgte.

Mit Allahs Hilfe

In den folgenden Tagen wurden in Gilgit Traktoren mit An-
hängern und fünf Jeeps organisiert und beladen, unzählige
Arbeiten standen an. Das Wetter war wieder wechselhaft geworden.

Am 12. Mai können wir endlich wieder aufbrechen, die Gepäck- und Menschenpyramiden setzten sich in Bewegung. »Inshallah«, rufen die Fahrer der Jeeps, dann treten sie das Gaspedal durch.

Die Jeeps sind bis zum Dach der Fahrerkabinen mit Ausrüstung beladen, wir sitzen mit jeweils vier Mann obenauf. Natürlich sind die Fahrzeuge überladen, der Schwerpunkt liegt zu hoch, dementsprechend schaukeln wir in luftiger Höhe dahin wie auf Kamelen. Es tröpfelt, die Pappeln biegen sich im Wind, schon bald kriecht uns die Kälte unter die Kleidung. Anfangs ist die Landschaft weit und hügelig und in den Tälern fruchtbar grün. Jeder Hügel, jede Talsohle zeigt Lebensspuren, jedes noch so kleine Gehöft beherbergt menschliche Schicksale, die ich nicht kenne, von denen ich aber gerne wissen und erfahren würde, wie weit sie

Anreise auf Jeeps

sich von den Freuden oder Sorgen der Menschen zu Hause unterscheiden. Inwieweit wäre ich jetzt wohl ein anderer, wenn ich hier geboren wäre?

Anfangs finde ich während unseres wilden Ritts noch Muße, beim Anblick der Landschaft solchen Gedanken nachzuhängen, doch je halsbrecherischer die Fahrt wird, desto mehr plagen mich technische und physikalische Sorgen. Wo liegt der Kippbereich des Fahrzeugs? Ist die Ladefläche ausreichend mit dem Fahrgestell verschraubt? Was, wenn jetzt ein Reifen platzt? Ich bemerke, wie die Gefährten genau wie ich ihren Bremsfuß durchgedrückt halten. Kein schönes Gefühl, wenn die Angst alle anderen Wahrnehmungen ausschaltet.

Die Wagen stoppen, die Fahrer steigen aus, richten sich gen Mekka und beten. Allahu akbar! Gott ist groß, Gott sei Dank! Wir merken bald: Nicht die Stunde ruft sie zum Gebet, sondern die Straße, die vor uns liegt. Sie ist nur mit Gesteinsbrocken in die fast senkrechten Hänge gleichsam geklebt, kaum breiter als die Spurweite der Fahrzeuge, kurvenreich und voller Überraschungen. Schwindel erregend ist neben der linken Felge der über hundert Meter tiefe Blick zum reißenden Indus hinab, dessen erdiges Wasser rauscht und raunt wie ein Ozean im Sturm. »Inshallah«, sagt unser Fahrer wieder, was so viel heißt wie: »Wir legen unser Leben in die Hände Allahs.« Aber wie ist das mit uns »Ungläubigen«? Ich gebe die Kontrolle über das eigene Leben nicht gerne ab, weder an eine mir fremde Gottheit noch an den Fahrer.

Es sollte eine meiner schlimmsten Fahrten auf vier Rädern werden. Der Fahrer vertraute mehr auf Gott als auf sein Können. Uns allen stand der Schweiß auf der Stirn, jeder biss die Zähne hart zusammen, während uns das Herz in die Hose sinken wollte. In einem der heutigen, oft zynisch wirkenden Reiseprospekte hätte wohl zu unserer Fahrt stehen können: »Reisen, um das eigene Gefühlsleben auszuloten.«
Wahrhaftig, dort, wo die Straße wirklich nicht mehr breit genug zu sein schien, legte Allah anscheinend seine helfende Hand unter, und ungebremst glitten wir über die kritische Stelle hinweg. Trotz meiner geistig-religiösen Unmündigkeit betete nun auch ich um seinen Beistand. Selbst Günter Kroh murmelte Unverständliches vor sich hin, wahrscheinlich eine Sure aus dem Koran. Und wenn Günter schon einmal den Mund aufmacht und dann noch arabisch redet, so bedeutet das allerhöchste Alarmstufe.
Nach einigen Stunden hielten die Fahrer nochmals an, um die Hilfsbereitschaft Allahs aufzufrischen. Wir waren nicht weit davon entfernt, uns selbst zu Boden zu werfen. Gert Mändl meinte, er wäre froh, in der Rupalwand bald in Sicherheit zu

sein. Zum Glück war die nächste Etappe nicht mehr so lang, das Tal weitete sich etwas. Dort warteten wir dann mehrere Stunden auf die Traktoren. Eine höchst erstaunliche Neubelebung meines Gottvertrauens wurde mir auf dieser Fahrt zuteil. Ich begann die Gegenwart Allahs zu spüren, blühte auf und blickte froh und hoffnungsvoll in die Zukunft.

Auch die weitere Straße war stark mitgenommen, streckenweise ganz weggeschwemmt. Noch ließen sich die fehlenden Wegstücke irgendwie umfahren, manchmal ersetzten vierzig Hände zwei Räder – die Hunza sind wahre Improvisationskünstler! Einer der Traktoren mit Anhänger kippte um, alles in Zeitlupe, damit jeder ausreichend fotografieren und Jürgen Winkler sogar noch sein Stativ aufstellen und die Kamera postieren konnte. Die Lasten rollten ein ausgetrocknetes Bachbett hinunter. Alle Hände waren wieder im Einsatz und schon ging es weiter. Allah hatte den Traktor umgeworfen – Allah richtete ihn wieder auf.

Die Ramghat-Brücke führte uns dann ins felsige Astortal – erneut ein Balanceakt zwischen Himmel und Hölle. Nach fünf Kilometern ging nichts mehr, die Straße war vollkommen fortgespült. Doch Allah sei Dank! Als Ungläubiger stieg ich auf das Kamel, als Gläubiger wieder ab.

Noch sind wir drei Anmarschtage von der Hochweide entfernt, wo das Basislager eingerichtet werden soll. Ein einheimischer Voraustrupp hat bereits alles organisiert. Einige hundert Bergbauern stehen bereit, dazu Esel und Pferde. Es sind Männer in abgerissener Kleidung, bärtige Gesellen, viele mit düsterem Blick. Wären diese gegerbten Gesichter Landschaften, man fände sich in ihnen nur mit Kompass zurecht. Sie riechen nach Schweiß und Holzkohlenfeuer. Die leise Melancholie, die auf ihren Gesichtern liegt, berührt mich seltsam.

Die rund 300 Lasten werden auf Träger verteilt, ein unüberschaubares Gerangel entsteht, Polizisten und auch unsere Hochträger schlagen mit Stöcken rücksichtslos auf das Menschenknäuel ein. Weshalb wehren sie sich nicht? Ich versuche mir vorzustellen, was in ihnen vorgehen mag, scheitere aber bei dem Bemühen, diese fremde Lebenswelt nach meinen Wertvorstellungen zu begreifen.

Träger und Lasten werden sorgfältig registriert, die jeweiligen Dorfobmänner sind für ihre Leute verantwortlich. Es herrscht das Drunter und Drüber eines Basars. Jede Last wiegt 30 Kilo. Es sind aber auch einige professionelle Träger dabei, die vom Tragen leben und durch Tragen sterben. Sie übernehmen gleich zwei Lasten für doppelten Lohn.

Zur Abwechslung mal zu Fuß

Für uns beginnt erst jetzt der erlebnisreiche Abschnitt des An-marsches, jener Teil, den wir uns schon früher bei der Lektüre von Expeditionsberichten in unserer romantischen Phantasie so bunt ausgemalt hatten: Unterwegs mit Trägerkarawanen am Dach der Welt! Die ersten Trägergruppen setzen sich ab, auch die meisten aus der Mannschaft brechen mit auf. Nur Michl Anderl, Elmar Raab und ein Polizist bleiben zurück – bis auch noch die letzten Träger auf den Weg geschickt sind, sollen 24 Stunden vergehen. Auf weiten Teilen ist wiederum die Straße weggespült und es wird Wochen dauern, bis man sie wieder befahren kann.

Das Wetter bleibt unbeständig. Die Hänge wirken nun grau wie altes Zinn und ein Teil der Landschaft ähnelt der durch ein Teleskop betrachteten Mondoberfläche. Tief unter uns windet sich der Astor-River auf seinem Weg zum Meer. Die Eiswasser der Gletscher bahnen sich spektakuläre Wege durch Felsen, schneiden Urstromtäler und formen Schluchten, an deren Hängen wir mit der Trägerkolonne dahinziehen. Aus der Tiefe begleitet uns das ständige Rauschen des Flusses. Entlang dieses mächtigen, mäandernden Stroms kommen wir durch kleine Ortschaften und vorbei an einzelnen Gehöften. Wie lässt es sich in dieser Felsenwüste nur leben? Hier bedarf es gewiss nicht großer Weisheit, sondern der kleinen Alltagsklugheit. Die Welt, in der diese Menschen existieren, muss sie gelehrt haben, der Natur alles abzuringen. Ihre Lebensbedingungen sind hart, besonders über die langen Winter hinweg. Aber durch einen in Generationen gewachsenen Erfahrungsschatz und wohl auch durch ihren starken Glauben scheinen sie dieses karge Leben zu bewältigen.

Wir nächtigten in den Orten Muschkin, Astor und Tarshing, in Astor wechselten wir die Träger aus, ein letztes Mal dann noch einmal in Rampur. Noch bevor Fruchtbäume und Pappeln die Siedlungen ankündigten, tat dies eine Meute kläffender Hunde. Keinem von ihnen war zu trauen, aber sie trauten uns noch weniger. Große Köpfe hatten sie, ihr meist räudiges Fell spannte sich über die dürren Rippenbögen wie eine Ziehharmonika. Viele Träger warfen Steine nach ihnen, die sie als Munition in den Taschen hatten, und ausnahmslos jeder Hund erkannte die Bewegung schon im Ansatz, zog den Schwanz ein und machte einen großen Bogen um uns. Hunde stehen in der Hierarchie der Moslems auf niedrigster Stufe, den Ratten gleich. Andererseits hält man sich Hunde als treue Wächter und Hirten – ein Widerspruch aus religiösen Gründen, der Mensch im Konflikt mit seinem eigentlich verlässlichsten Freund. In späteren Jahren wurde mir von Moslems wiederholt erklärt, der Prophet Mohammed sei von einem Hund gebissen worden. Grundsätzlich darf ein Hund sehr wohl berührt werden, er kann sogar als Statussymbol dienen wie zum Beispiel in Afghanistan, wo wir wunderschöne Zuchthunde sahen. Aber die Berührung mit dem Speichel eines Hundes könnte durchaus zur Höllenstrafe führen.

Kindergeschrei. Mit dem hochfrequenten Schall einer Alarmsirene drängeln sie aus dem engen Türausschnitt einer Schule und laufen auf uns zu. Wir haben Süßigkeiten dabei, verteilen sie. Ein Mädchen fasst mich sanft bei der Hand und begleitet mich gut fünfzehn Schritte, während die Jungen lachen. Doch sie lässt nicht los und kommt sich sehr tapfer vor. Der kleine Bruder ist weniger mutig. Er rennt schleunigst davon, so dass sich die durchlöcherten Hosen wie Segel um seine Beine blähen. Wie lange haben diese Kinder, wenn überhaupt, schon keine Fremden mehr gesehen? Sie begleiten uns weit aus den Dörfern hinaus, bestaunen und berühren uns immer wieder, betteln, springen, lachen und ziehen hinter unseren Rücken Grimassen. Aber sobald wir unsere Blicke auf sie richten, schlüpfen sie hinter den nächsten Träger, so dass wir oft nur ihre Schatten sehen können. Ich finde es herrlich, denn mit Sicherheit wäre auch ich einer von ihnen gewesen.
Wenn die Frauen uns kommen sehen, flüchten sie zuerst aufgeschreckt in die Häuser oder ducken sich hinter Mauern. Doch die Neugierde überwiegt, denn wie Eistaucher, denen die Luft ausgeht, kommen sie wieder hervor, man muss ihnen nur Zeit lassen. Ihre bunten Burkas verhüllen alle weiblichen Formen. Außerhalb des Dorfes und der Felder wirken ihre Kleider im eintönigen Grau der Landschaft wie Farbkleckse. Nur noch wenige alte Frauen verbergen sich hinter einem Schleier. Frauen, die Kinder an der Hand halten, fühlen sich durch sie sicherer. Wenn ich sie grüße und ihnen geradewegs

in die Augen schaue, spüre ich, dass ich damit kein Tabu überschreite, wie vielleicht zu erwarten wäre. Nein, hier ernte ich sogar ein Lächeln. Ferner Orient, ich war noch nie in einer so fremden Welt. Wir sind Vorbeihastende, nur wer länger bleibt, kann vom Rhythmus ihres Lebens etwas erfahren.

Von Rampur sind es nur noch rund drei Gehstunden nach Tarshing. Es regnet heftig, Schusterbuben, wie man in Bayern sagt. Vermutlich arbeitslose Schusterbuben, denn ein Großteil der Lastenträger kennt keine Schuhe, sie umhüllen die Füße höchstens mit Lumpen.

Max von Kienlin, der Expeditions-gast, den ausnahmslos alle wegen seiner Offenheit, Hilfsbereitschaft und Ausstrahlung sehr schätzen, setzt sich mit Reinhold Messner nach Rampur von der Gruppe ab und beide marschieren voraus.

Auch wenn Max kein Extrembergsteiger ist, wird er sofort wie ein solcher in unsere Reihen aufgenommen; als »Quereinsteiger« hat er sich bisher heikle Überlebenssituationen, Biwaks und Erfrierungen erspart.

Max von Kienlin

Max liebt ausschweifende Bewegungen und Erzählungen, er ist ein »grand charmeur«, ein tüchtiger Mann des Lebens und ein fröhlicher Lebemann, abenteuerlustig und champagnerbegeistert. Vor allem ist er ein begnadeter Erzähler, der sich gerne in launischen, arabeskenhaften Wortgirlanden verliert, dabei jedoch mit dem sicheren Instinkt einer Taube wieder zum Ausgangspunkt zurückfindet. Wer ihm auf seinen Rhetorik-Reisen folgen kann, wird freilich reich belohnt.

Max hätte sich im Leben viel erspart, wenn er seine dritte Frau Anni zuerst geheiratet hätte, aber zu diesem Zeitpunkt war sie vermutlich noch nicht auf der Welt.

Max von Kienlin wollte eigentlich Napoleon werden, rückte aber im Lebensmonopoly aufgrund unglücklicher Konstellationen zu weit vor. Im nächsten Leben bringt ihn eine gezogene Schicksalskarte zurück an den Hof Ludwigs des XIV.

Max und Reinhold laufen also gemeinsam los. Wir sehen an ihren Bewegungen, dass sie sich angeregt unterhalten. Sie sind sich schon in Rawalpindi näher gekommen. Es scheint der Beginn einer echten Männerfreundschaft zu sein. Doch der Schein trügt, es ist der Beginn einer sehr einseitigen Freundschaft. Aber dazu später.

Zum Basislager

Kurz nachdem wir am 14. Mai Rampur verlassen haben, bietet sich die Möglichkeit, einen Weg links oder rechts des Flusses zu nehmen. Max und Reinhold marschieren rechts, der Begleitoffizier wählt für uns den Pfad, der sich am linken Flussufer entlangschlängelt. Max und Reinhold bleiben aber immer in Sichtweite. Zornige Wolken entladen sich und bald sind wir alle durchweicht. Nach etwa drei Stunden Gehzeit tröpfeln wir endlich im Dorf Tarshing ein. Wir sind glücklich, in der Schule unterzukommen und dort auch alle Lasten lagern zu können. Das Dorf scheint in der Vergangenheit stehen geblieben zu sein, die Häuser geduckt, kastenartig und grau. Die Vorderfront mit einem einzigen Fenster ohne Glas. Irgendwo Frauen, die wie Vögel zwitschern, aber wir sehen sie nicht. In den Hinterhöfen ein paar gefiederte Birken.
In der Schule werden wir Zeugen, wie strikt sich Captain Saqi an seine Order hält, uns in diesem streng militärisch kontrollierten Landstrich unter Aufsicht zu halten. Der Expeditionsleiter Herrligkoffer schreibt dazu: »Captain Saqi ... schlechtester Laune – er stürzt auf mich zu, überreicht mir ein von ihm

beschriebenes Papier. Er fordert mich auf, dieses Schriftstück zu unterzeichnen, andernfalls würde er Meldung an seine Dienststelle machen. Captain Saqi war erbost, dass von Kienlin und Reinhold Messner abermals seiner Anordnung und den ›Government Rules‹ zuwidergehandelt hatten und die Expedition nicht in einer Gruppe marschierte.« Sinngemäß steht in dem Schreiben: »Captain Saqi stellt die Disziplinlosigkeit der Teilnehmer Reinhold Messner und von Kienlin heraus und bedauert, die Expedition wegen zweier Ungehorsamer und Uneinsichtiger im dritten Wiederholungsfalle abbrechen zu müssen.«

Mag Captain Saqi überreagiert haben oder auch nicht, wir wurden alle ein wenig kleinlaut. In diesen Ländern unterliegt man absoluter Willkür, und ehe man sich versieht, fliegt man aus dem Land oder ins Gefängnis. Herrligkoffer jedenfalls nahm die Warnung verständlicherweise sehr ernst, denn er hatte ja bereits bei der Rupal-Expedition von 1964 einschlägige Erfahrungen gemacht. Damals meinte der Begleitoffizier, die Mannschaft befände sich auf der falschen Aufstiegsroute in der Rupalwand, und zwang die Expedition zum Rückmarsch. Wenn jetzt wegen einer solchen unverständlichen und absolut vermeidbaren Disziplinlosigkeit Einzelner ein Abbruch erfolgen würde, wäre nicht nur der ganze zeit- und kostenintensive Aufwand der Expeditionsleitung umsonst gewesen, auch die Träume aller, die im Leben wahrscheinlich einmalige Chance, nach einer solchen Herausforderung greifen zu können, zerschlagen worden. Außerdem hätte es bedeuten können, dass künftig überhaupt keine deutschen Expeditionen mehr zum Nanga Parbat genehmigt würden.

Noch bevor es hell wird, wecken uns die ersten Lastenträger. Fast die gesamte Mannschaft hat schlecht geschlafen, denn die Nacht über kläfften Hunde, und Regennadeln trommelten auf das Wellblechdach. Mit dem ersten Licht zieht überraschend ein strahlender Himmel auf, in dem nur noch einige dunkle

Wolken wie die letzten Gäste eines wilden Festes davonstieben. Wir haben wirklich Glück, denn auch die Wolken über Captain Saqis Stirn haben sich verzogen! Wer vor die Tür tritt, traut seinen Augen nicht: Der Nanga Parbat! Seine Flanke weiß und senkrecht wie ein aufgestelltes Schild. Für Augenblicke stockt jedem das Herz. Seit einer Woche hat er sich versteckt gehalten. Jeder greift jetzt, wie aus einem Reflex heraus, zur Kamera.

Wie ein endloser Bandwurm zieht sich die Trägerkolonne dahin. Wilde, übermächtige Natur, und Menschen, die ihr gleichen. Die Luft ist eisig und man kann sie riechen, lange genug hat sie der Regen gewaschen. In diesem Steinland scheint die Landschaft jegliches Zeitgefühl aufzuheben. Aber für uns gibt es ein großes Ziel, das zum Greifen nahe ist. Bis jetzt kannte ich nur Fernweh, nun schmerzt fast die Nähe dieses Ziels.

Hermann Kühn

Hermann Kühn muss erst einmal Federn lassen, mit einem Gesicht, grau wie Haferflocken, schleppt er sich dahin. Sein Magen, dieser anfällige Reisende, plagt ihn arg. Die halbe Nacht hat er das nahe Umfeld der Schule vermint, dabei fing jedes Mal ein Hund zu bellen an, und bald nahmen alle den »tribal call« auf und trugen ihn ins Tal hinaus; deshalb haben wir alle auch schlecht geschlafen. Unser geplagter Hermann ist doktorierter Chemiker und kann uns in exemplarischer Anschaulichkeit beschreiben, welche Molekülketten in ihm gerade was bewirken. Wie der Prozess zu stoppen ist, das weiß freilich auch er nicht.

Wir mögen ihn alle. Hermann zeichnet Besonnenheit und Gleichmut aus, er ist klug, umsichtig, von vorausschauender Sorge – und trägt die schlimmsten »Liebestöter«, die ich je an einem Mann sah. Hermann ist auf jeden Fall der am meisten Erwachsene von uns allen.

Wir begegneten uns vier Jahre zuvor am Fuß der Eiger-Nordwand. Unsere Zelte standen nahe beieinander. Schon der ganze Westalpen-Sommer war verregnet, die Wandverhältnisse waren entsprechend katastrophal. Bis zum Herbst gab es noch keine Durchsteigung, aber bereits mehrere Tote. Für den nächsten Tag kündigte der Wetterbericht ein mittelgroßes Hoch an. Wir zwei Seilschaften diskutierten lange, ob das Wetter und die Wandverhältnisse eine Durchsteigung erlauben würden. Einen Berg zu bewältigen war für mich als Halbwüchsigen untrennbar verbunden mit dem Bewältigen des eigenen Lebens. Ich proklamierte: »Sorge dich nicht, lebe.« Hermann dagegen: »Sorge dich um dein Leben.«

Ich sagte mir, wer sein Leben auf reflektierte Weise führen will, statt es einfach geschehen zu lassen, braucht philosophische Lebenskunst – ich baute also auf grundlosen Boden! Hermann hatte mehr Fundament, er war einfach weiser und war sich der Tatsache bewusst, dass jeder von uns sterblich ist. Wen wundert es, dass wir damals unterschiedliche Entscheidungen trafen? Mein Freund Manfred und ich stiegen in die Wand ein, Hermann und sein Partner brachen das Zelt ab.

Drei Tage waren wir in der Wand, dann noch ein Biwak im Abstieg. Ein Unwetter jagte das andere, zwischendurch wieder blauer Himmel. Danach hatte Manfred schwere Erfrierungen im Gesicht und an den Fingern. Mir wollten die Ärzte in zwei Krankenhäusern alle zehn Zehen amputieren, doch ich ließ es nicht zu und habe sie noch heute. Manchmal frage ich mich selbst, weshalb ich das mache. Es ist wie mit dem Hunger: Hat man sich übergegessen bis zur Übelkeit, knurrt doch zwei Tage später schon wieder der Magen.

Als wir uns auf der Expedition wieder begegneten, sagte Hermann nochmals: »Ich verstehe nicht, weshalb ihr damals eingestiegen seid.« Nun, inzwischen sind wir in diesen Dingen einander schon viel näher gerückt, vor allem aber ich ihm.

Ein immer wilder werdender Pfad, keine Auf- und Abstiege vermeidend, führt durch schroffe Berghänge. Hoch im Blau zieht ein Adler träge seine Kreise, dieser König der Lüfte, der sich immer seine Freiheit vorbehält. Wie erdenschwer dagegen die Träger, sie stehen im Joch, 30 Kilo auf dem Rücken, für ein paar Rupien, die letztlich doch viel Geld für sie sind. Die meisten tragen wirklich nur Lumpen. Es sind Bauern und Hirten aus Churit, Tarshing und Rupal. Viele ernste, dumpfe Gesichter, nur sehr wenig wird gelacht – jedenfalls nicht so, wie ich es später in Nepal antreffen sollte.

Lastenverteilung im Astortal

Immer öfter führt der Weg über lange, hart gepresste Schneefelder. Viele der Träger haben keine Schuhe, doch ihre dicke, schrundige Hornhaut an den Füßen scheint ausreichend gegen die Kälte zu isolieren, die zumindest keiner zu empfinden scheint. Im deutschen Volksmund heißt es, man könne einen anderen Menschen nicht verstehen, ohne mindestens eine Meile in seinen Schuhen gelaufen zu sein – jemand mit 30 Kilo Last und barfuß in diesem Gelände ist mir noch weitaus unverständlicher.

Wie ein Verdurstender sauge ich diese fremde Welt in mich auf. Schauen, schauen, schauen! Nichts liebe ich mehr, als davon schwindelig zu werden. Und solange mich das Reisen schwindelig macht, will ich nicht sesshaft werden. Nicht für jeden ist das der richtige Weg, ich aber hätte mir für mich keinen anderen vorstellen können.

Am 15. Mai erreichen wir endlich die Hochweide Tap. Wie ein grüner Patchworkfleck leuchtet sie im grauen Moränenkessel. Auf 3.560 m liegt vor uns der Platz des alten Basislagers, wo auch wir unsere kleine Zeltstadt errichten.

Vor uns die Wand

Es ist bereits Nachmittag und unzählige Arbeiten stehen noch an: Träger ausbezahlen, Lasten sortieren, Zelte aufstellen, provisorische Küche aufbauen, persönliche Ausrüstung zusammensuchen, Hochträger anweisen und, und, und ... Bald herrscht ein herrliches Chaos, doch irgendwie funktioniert alles, denn langjährige Bergsteiger sind durch die Schule des »Sich-irgendwie-doch-Zurechtfindens« gegangen, wissen, wie sich Knoten wieder lösen lassen.

Längst stehen wir im Gravitationsfeld des Berges. 4.500 Meter Wand in gleißendem Licht – die Schatten liegen in uns. Ich spüre einen großen Druck auf der Brust, einen Zwiespalt von Freude und Angst. Der Lageraufbau erfordert eigentlich alle Konzentration, doch die Gedanken schlingern. Diese Wand ... mein Gott! Es kann einem himmelangst werden. Wir sind angekommen, im Basislager, aber noch nicht bei uns selbst. Die Wirklichkeit hat den Traum eingeholt.

Morgen, ja morgen ... Was das heißt, mögen Außenstehende vielleicht verstandesmäßig begreifen, wirklich nachempfinden kann es nur jemand, der es selbst erlebt hat.

Michl Anderl

Michl Anderl, deutlich älter als wir, ist der stellvertretende Expeditionsleiter, verfügt aber nur über wenig Autorität. Er ist ein sehr verantwortungsbewusster und unermüdlicher Lagerverwalter. Michl ist Bergführer und war schon 1961 und 1962 als aktiver Bergsteiger mit Herrligkoffer am Nanga Parbat. Bei ihm liegen die Nerven stets etwas blank. Wir anderen sind jung, Pioniere eines neuen Lebensweges, mit dem er sich nicht identifizieren kann. Allein der Gedanke, der nachkommenden Generation Platz einräumen zu müssen, erfüllt ihn mit Bitternis. Wir kollidieren im Laufe der Expedition mehrmals; ich kann es nicht mit anhören, dass früher alles viel härter und deshalb besser war. Er hatte gestern seine »gute alte Zeit«. Wir haben heute unsere »gute alte Zeit«. Wie trügerisch das ist: Der Stress von heute ist die gute alte Zeit von morgen. Einstein hat uns zwar die Zeit erklärt, aber verbessert hat er sie uns nicht!

Dem guten Michl jedenfalls ging damals einfach alles auf den »Keks«. Apropos Keks: Wir hatten tonnenweise Bahlsen-Kekse dabei, alles eine Sorte, wie bei einer russischen Expedition. Zum Frühstück Kekse mit Streichkäse, mittags Kekse mit Studentenfutter, abends Kekse mit Eintopf. Doch wir klagten nie, waren alle Asketen.

Als ich mich einmal wieder von Michl gereizt fühlte, sagte ich, er sei für mich ein Mephisto aus Pappmaché. Wie man sieht, war auch ich manchmal nicht gerade auf mannschaftsorientierten Schmusekurs programmiert. Keine fünf Minuten später wurde ich deshalb in den »Führerbunker« gerufen und musste mich bei Michl entschuldigen. Er merkte natürlich, dass sich meine Meinung dadurch nicht änderte, und so entwickelte sich zwischen uns nicht gerade mehr Sympathie.

Wir werden mit dem provisorischen Lagerausbau noch vor Dunkelheit fertig. Mit einigen Gefährten setze ich mich dann an einen nahen Felsen. Die Köpfe ganz ins Genick gezogen, schauen wir empor in die flirrende Unfassbarkeit, in der langsam das Rot des Abends zerfließt. Die Wand ist wie Licht und Schatten: mal graue Felsrippen, mal marmorfarbene Eisflanken, teils senkrecht, die Eiger-Nordwand, das Matterhorn und die Monte-Rosa-Ostwand übereinander. Nur vor der Eiger-Nordwand fühlte ich mich ähnlich klein.

Bis auf Peter Scholz, der die Rupalwand bereits bis 7.300 m durchstiegen hatte, war damals wohl niemand dabei, der nicht doch etwas an deren Durchsteigung oder an sich selbst zweifelte. Und doch war jeder entschlossen zu entdecken, was jenseits dieser Angst lag!

Immer wieder fragen Nichtbergsteiger: »Was zieht euch denn in solche Wände?« Extrembergsteiger geben sich darüber selbst keine Antwort mehr, denn wenn sie ihre Beweggründe unter rein logisch-theoretischen Gesichtspunkten betrachten, stoßen sie schnell an die eigenen Grenzen. Was sicher ist: Wir erleben eine Wahrnehmung, die tiefer reicht als das bewusste Denken und Tun. Und bevor wir in eine große Wand steigen, haben wir gewöhnlich Angst. Letztlich ist alle Angst die Furcht vor dem Tode. Doch wir wissen auch, dass die Angst gewöhnlich während der Tour verschwindet, denn Furcht besteht immer vor dem, das noch nicht eingetroffen ist. Sobald jedoch der Wandfuß überschritten ist, kommt eine Energie innerer Wandlung zum Durchbruch. Eine gewisse Furcht bleibt aber, die lebenswichtig ist, da wir ohne sie keine Grenzen erkennen würden.

Die Gefahren einer Wand und das eigene Können abzuschätzen, ist oft eine Gratwanderung auf Messers Schneide. Manche fragen auch, ob wir lebensmüde seien. Genau das Gegenteil ist der Fall! Wäre Todessehnsucht oder auch Todesbereitschaft die Triebfeder, dann würde ein Extrembergsteiger zum Beispiel niemals die physische Kraft aufbringen, in großen

Wänden zu überleben. Es gibt Situationen, da hängt man nur noch am hauchdünnen Faden gerade dieses Überlebenswillens. Die heute häufig anzutreffende Meinung, Extrembergsteiger seien allesamt »Adrenalin-Junkies«, finde ich zu verallgemeinernd und arg flapsig. Ich bin sicher, bei jedem Mannschaftsmitglied waren unterschiedliche Gründe maßgebend, weshalb er Extrembergsteiger wurde. Wenn wir Adrenalin, Freuds Trieblehre, etwas Philosophie, viel Lebensfreude, um nur einiges zu nennen, in einem Becher kräftig schütteln, dann kommen wir dem Ganzen schon etwas näher.

Vermutlich sind Extrembergsteiger etwas unempfindlicher gegenüber Ängsten vor all dem Unwägbaren, das jeden plötzlich treffen kann. Wir wissen wohl um das Unvorhersehbare und Unabänderliche, aber wir lassen uns dadurch nicht von einem großen Ziel abhalten, das planvoll ins Auge gefasst und verfolgt wird; wir sind keine Fatalisten.

Auch Reinhold Messner war zu dieser Zeit noch ein unerfahrener Expeditionsbergsteiger, ein Amateur mit vielen glänzenden Einzelunternehmungen im alpinen Bereich, wie wir alle. Im Laufe seiner folgenden Achttausender-Besteigungen hat er seine Sinne und Instinkte und seine subjektive Gefahreneinschätzung perfektioniert. Wer mehr Möglichkeiten in seinem Repertoire hat, steigert seine Überlebenschancen, weil er flexibler auf Gefahren oder Belastungen reagieren kann. Reinhold wie auch einige andere Bergsteiger, die weniger von der Öffentlichkeit wahrgenommen werden, haben es darin zur Meisterschaft gebracht.

So sind Unbekümmertheit und äußerste Aufmerksamkeit, so sehr sie sich auch widersprechen mögen, geradezu Schlüsseltugenden für Extrembergsteiger.

Die Nacht ist kalt. Wir schauen in die Glut des Lagerfeuers und schlürfen heißen Tee. Mein Freund Peter spielt auf der Mundharmonika. Endlich gibt es eine lange Pause zwischen den Gedanken, gibt die Wand Ruhe im Kopf.

Nur Gedankenspiele?

Die Vergangenheit prägt unsere Gegenwart, und viele seelische Verletzungen, die wir im Kindesalter erlitten haben, wirken fort.

Die Familie Messner kommt aus dem engen Dolomitental Villnöss. Der patriarchalische Vater war Dorfschullehrer von St. Peter, ein, wie Reinhold schreibt, anscheinend äußerst jähzorniger, oft gewalttätiger Mann. Auch wenn er ein fürsorglicher Mensch sein konnte, der seine Kinder bereits früh in die Berge mitnahm, ließ er häufig seine Wutanfälle an ihnen aus. Reinhold, zweitältestes Kind der großen Familie, hatte vermutlich einiges einzustecken. Die Mutter war eine sehr starke Persönlichkeit, aber bei neun Kindern konnte sie sicher nicht jedem gleichermaßen eine kompensierende Fürsorge entgegenbringen.

Reinhold hatte zunächst kein sehr gutes Verhältnis zu seinem Bruder Günther. Eines Tages – er war gerade dreizehn Jahre alt – kam er von einer Bergtour nach Hause und fand seinen Bruder zusammengekauert in der Hundehütte vor dem Elternhaus vor. Der Vater hatte ihn mit einer Hundepeitsche so verprügelt, dass er nach Reinholds Worten »nicht mehr laufen« konnte. Die Brutalität des Vaters schweißte beide zusammen, sie wurden eine Seilschaft und »zu Komplizen gegen den Rest der Welt«.

Reinhold Messner

Der seelische Nachhall des Geschlagenwerdens machte jedem auf die eine oder andere Art zu schaffen: Günther wurde sehr introvertiert, Reinhold extrem extrovertiert. Meine Vermutung: Um tief verinnerlichte Demütigungen, diesen enormen Leidensdruck, sieghaft zu kompensieren, wollte Reinhold der

Welt beweisen, dass er etwas Besonderes und ihrer wert ist. Und vor allem ein Gedanke war nun tief in ihm verwurzelt: Er wollte nie, nie wieder geschlagen werden und deshalb ganz oben schwimmen, dort, wo kein anderer mehr über ihm steht. Um aber stets oben zu bleiben, fing er selbst an, nach unten zu treten. Er schlüpfte in die Rolle des Vaters.

In einer Hand voll Büchern und hunderten von Vorträgen schildert er seinen dramatischen Abstieg über die Diamirflanke und stellt dabei jene spektakuläre Überschreitung mit Günther als eine aus der Not geborene Entscheidung dar, die unabwendbar und schicksalhaft zum Tode des Bruders führte. Wir anderen Expeditionsteilnehmer hegten jedoch von Anfang an Zweifel an den unterschiedlichen und zum Teil auch widersprüchlichen Versionen, die Reinhold der Öffentlichkeit zu den tragischen Geschehnissen lieferte.

Unsere Enthüllungen sind neu, wir haben über drei Jahrzehnte dazu geschwiegen, ja, niemand aus der Mannschaft hat jemals mit dem Finger auf ihn gezeigt, obwohl wir alle einigen Grund dazu gehabt hätten. Wir sahen ihn gewissermaßen als ein Opfer, nämlich als Opfer seiner selbst. Und er war mit dem Tod seines Bruders genügend belastet. Dies war unsere Haltung, bis Reinhold den Boden der Realität gänzlich verließ und begann, der Mannschaft Schuld zuzuweisen.

Reinhold hatte bereits in der Anfangsphase der Expedition von einer Überschreitung des Nanga Parbat zur westlichen Diamirseite gesprochen, und das sehr konkret.

Dazu Gerhard Baur: »Drei Mal war alleine ich dabei, als Reinhold mit leuchtenden Augen davon sprach, dass man da doch hinkommen müsse, dass die Überschreitung der nächste Sprung im Alpinismus sei.« Dann bei einer anderen Gelegenheit: »Reinhold Messner zeigte mir im Basislager ein Schwarzweißbild der Diamirseite und erklärte mir anhand des Bildes seinen Plan, nach dem Gipfelsieg auf der anderen Seite über den Mummery-Pfeiler abzusteigen und so eine neue Spitzenleistung des Expeditionsbergsteigens zu vollbringen.«

Max von Kienlin, damals noch ein guter Freund Reinholds: »Es gibt mindestens zwei Situationen, bei denen Reinhold mir die Planung vor Augen geführt hat. Damals hatte ich geglaubt, ich sei der Einzige, mit dem er das besprochen hat. Ich kann mich noch gut erinnern, dass er dabei wiederholt über fehlendes Kartenmaterial klagte und nur ein altes Foto der Diamirseite mit der Mummery-Rippe besaß, welches er mir bei seiner Überlegung zeigte.«

Auch Jürgen Winkler erinnert sich noch wie heute an eine Situation am Lagerfeuer im Basislager, bei der er von seinen Erlebnissen bei der Überschreitung des gesamten Peutereygrates zum Montblanc erzählte. Reinhold warf daraufhin ein, dass diese Tour noch nie im Winter gemacht wurde und dass das eine ganz große Sache wäre. Man könne sich dann dort oben für ein paar Tage und Nächte im Schnee eingraben – das gäbe eine schöne Aufregung im Tal. Danach schwärmte Reinhold konkret auf den Nanga Parbat bezogen weiter, nicht nur die höchste Wand der Erde zu durchsteigen, sondern zusätzlich den Berg zu überschreiten.

Der hocherfahrene Altbergsteiger Hias Rebitsch, der Messner wohlgesonnen war, schrieb später nach einem Interview mit Reinhold: »Doch es war für ihn kein Gang in das völlig Unbekannte. Die Überschreitung des Nanga Parbat war schon im Gespräch gewesen. Reinhold hatte sich gedanklich eingehend damit befasst.« Hias Rebitsch wie auch der gesamten Mannschaft war klar, dass es keinerlei Chance gab, eine solche Wand abzusteigen, wenn man sich nicht zuvor eingehend damit auseinandergesetzt hatte. Bald wusste ein Teil der Mannschaft von Reinholds Plänen, doch keiner nahm sie wirklich ernst, denn eine solche Disziplinlosigkeit und Unehrlichkeit gegenüber der Expeditionsleitung und den anderen Bergsteigern hatte ihm damals keiner zugetraut. Als die beiden Brüder dann nicht mehr vom Gipfel zurückkamen, hatten einige von uns jedoch keine großen Schwierigkeiten, sich einen Reim darauf zu machen.

Als Gerhard Baur und Jürgen Winkler bei der Buchvorstellung »Karl Maria Herrligkoffer – Besessen, sieghaft, umstritten« im Oktober 2001 der Kragen platzte und sie danach ihr Schweigen brachen, reagierte Reinhold, wie es zu erwarten war. Er stritt ab, jemals einen konkreten Plan der Überschreitung gehabt zu haben. Aber die Fakten sprachen gegen ihn, der Druck von Seiten der Presse wuchs. Reinhold bagatellisierte die Angelegenheit dabei natürlich beträchtlich: »Dass ich von einer Überschreitung geredet habe, ist denkbar.« Kurz darauf musste er schon etwas konkreter werden: »Ich streite nicht ab, dass die Dimension Überschreitung diskutiert worden ist – wir haben auch über das Bergsteigen auf dem Mond geredet.« Über den Mond aber wurde eben nicht geredet, sondern über eine Überschreitung während dieser Expedition. Reinhold zeigte auch kein Foto vom Mond, sondern eine Abbildung der Diamirflanke und beschrieb konkret eine mögliche Abstiegsroute, und dies mehrmals und gegenüber verschiedenen Teilnehmern. Er verharmlost also geschickt die Wahrheit und verweist sie ins Abseits. Seine weiteren Argumente, wie bei jeder Kritik gegen ihn, sind sachlich falsch und mittlerweile bereits Standard: Man neide ihm seinen Erfolg, sei Trittbrettfahrer, springe jetzt auf seinen Bestseller mit auf, und er kenne bedauerlicherweise solches Verhalten.

Aber was soll er machen, alles zugeben? Reinhold Messner, der Kämpfer? Seine ganze Glaubwürdigkeit hängt davon ab.

Seine Argumente, warum er angeblich nicht anders konnte, als auf der Diamirseite abzusteigen, sind zu einem großen Teil unlogisch, widersprüchlich und in unseren Augen geradezu lächerlich. Hat er sich je klar gemacht, was eine Überschreitung hätte auslösen können bzw. was sie ausgelöst hat? Die Überschreitung vereitelte den Gipfelerfolg von drei weiteren Bergsteigern und verletzte auf das Gröbste pakistanische Gesetze und deren Hoheitsgebiet. Sein Abstieg auf der Diamirseite hätte dazu führen können, dass der Nanga Parbat für

Jahre anderen Expeditionen verwehrt geblieben wäre. Auch das Leben einer Rettungsmannschaft, die nochmals in der äußerst gefährlichen Merkl-Rinne nach ihnen suchte, wurde dadurch riskiert. Doch dazu später.

Sindabad

Am Tag nach unserer Ankunft auf der Hochweide Tap kann sich das Basislager schon richtig sehen lassen. Was mir besonders gefällt: Über allem liegt der Geist unbekümmerter Improvisation. Zwei Fahnenmasten werden aufgestellt und in recht feierlicher Weise die pakistanische und die deutsche Fahne gehisst. Die Hochträger stehen in Reih und Glied und salutieren militärisch, wir Bergsteiger dagegen sind mehr mit Fotografieren beschäftigt. Dann rufen die Träger aus kräftigen Lungen »Sindabad, Sindabad, Sindabad ...«, und so mancher von uns stimmt mit ein. »Sindabad« steht für Freundschaft, Stärke, Mut, Würde, Leistung und Führung. Die Hochträger nennen sich selbst »Hunza-Tiger«. Da Patriotismus aber einer recht rätselhaften Quelle der Logik entspringt, erschießt der Mensch den von ihm so respektierten Tiger, wo immer er seiner habhaft werden kann. Bald wird es in Pakistan deshalb nur noch zweibeinige Hunza-Tiger geben.
Aber davon einmal abgesehen, wurden alle Träger ihrem Leitbild gerecht, sie identifizierten sich mit unserem Ziel und brachten während der ganzen Expedition vollen Einsatz. Ohne sie wäre diese Wand niemals bestiegen worden. Ja, ohne den Mut und Einsatz der Hochträger am Dach der Welt wäre damals kaum ein Achttausender bestiegen worden. Unzählige von ihnen haben schon ihr Leben gelassen, immer für die großen Ziele anderer. Nicht nur des Geldes wegen, auch nicht der Gipfel wegen, sondern weil sie sich mit den Anliegen und dem Engagement der Expeditionsgruppen identifizierten. Ge-

rade in den letzten Jahren haben selbstbewusste Sherpa Leistungen vollbracht, die jenen der heutigen Spitzenbergsteiger in nichts nachstehen. Expeditionen von 1940 lassen sich nicht mit jenen von 1970 und diese noch weniger mit heutigen vergleichen, sie sind so verschieden wie die Schichten in einem Steinbruch. 1970 hatten wir noch Eispickel mit Holzschaft, ein paar nasse Lederstiefel mit Steigeisen wogen vierzehn Kilo, eine Luftmatratze fast fünf Kilo, ein Stoffzelt zwischen acht und zehn Kilo, ein Funkgerät mit Ersatzbatterie sechs Kilo. Wir ernährten uns großteils von Eintopfgerichten aus Dosen, von Ölsardinen und Wurstkonserven. Es gab keinen Müsliriegel, kein wasserlösliches Fertigessen und was heute sonst noch an federleichtem »Adventure Lunch« angeboten wird.

Der Expeditionsleiter

Karl Maria Herrligkoffer

Karl Maria Herrligkoffer zog es immer und immer wieder zum Nanga Parbat – er war die Nadel, der Berg der Magnet. Unter den vielen, die hier ihr Leben ließen, war auch sein Halbbruder Willy Merkl, der den Gipfel nie erreichte. Herrligkoffer war kein Bergsteiger, doch er wollte das Lebensziel seines Bruders verwirklichen, zumindest hängt ihm dieser Ruf nach und er selbst hörte ihn gerne. Welche Person der Öffentlichkeit baut nicht gerne am eigenen Mythos? Nie habe ich ihn über seinen Halbbruder reden hören, der Name fiel nur im Zusammenhang mit dem Eisfeld, der Steilrinne und der Scharte im oberen Bereich der Rupalwand, die dessen Namen tragen.

Unser Expeditionsleiter, damals 54 Jahre alt – wir waren natürlich alle per »Du« mit ihm – war das Leitfossil. Wir waren
jung, die Welt war für uns wie ein offenes Fenster. Herrligkoffer hatte dieses Fenster längst geschlossen und fing an, auch
die Jalousien herunterzulassen. Ich habe ihn als alt in Erinnerung und ich glaube, er war schon alt in die Welt gekommen.
In seiner ungelenken Art eckte er schnell bei seinen Mitmenschen an und erlegte sich selbst auch keinerlei Respekt und
Disziplin im Umgang mit anderen auf. Wenn er Vorschläge
machte, wirkte das stets sperrig und irgendwie hilflos. Erstaunlich aber war sein Durchsetzungsvermögen, und er lieb-
te die Medienpräsenz, kam dabei jedoch selten gut an. Wie
immer er gewesen sein mag, ein außergewöhnlicher Mensch
war er. Man mochte ihn oder man war von ihm abgestoßen.
Seine drei großen Leidenschaften waren junge Medizinstu-
dentinnen, das Organisieren von Expeditionen und das Führen von Prozessen. Grundsätzlich haben wir ihm alle viel zu
verdanken, insbesondere Reinhold Messner wurde auf seinem
Rücken zum »Rolling Stone« der Popclimber.
Professor Dr. Dr. med. habil. Karl Maria Herrligkoffer starb
1991 an Herzversagen. Ich glaube, den Ausgang des Prozesses
gegen jenen Arzt, der ihm eine künstliche Herzklappe eingesetzt hatte, hat er nicht mehr erlebt.

Endlich im Aufstieg

Eine kleine Gruppe von uns hat es nicht mehr ausgehalten,
Gert Mändl, die Messners, der Hochträger »Sepp« und ich
sind schon in der ersten Nacht nach Erreichen des Basislagers
um 4 Uhr morgens losmarschiert, um uns die Wand anzu-
schauen. Noch ist sie ein gestaltloses Nichts, das sich mit unseren Erlebnissen füllen soll. Schon beim Aufbruch legt sich
die Erregung, die Gedanken flattern weniger wild durchei-

nander. Nach den ersten paar hundert Höhenmetern ist die Gefahr nicht mehr körperlos und unangreifbar, sondern hat Gestalt angenommen. Ein wichtiger innerer Schritt ist getan. Wir steigen 1.200 Meter hoch, hier auf 4.700 m soll am nächsten Tag Lager I errichtet werden. Im Abstieg hängen wir 200 Meter Seil in eine Steilrinne, damit bereits die ersten Träger hochkommen können. Eine beißende Sonne nähert sich dem Zenit. Der Schnee beginnt aufzuweichen. In wildem Ritt sausen wir die steilen Schneeflanken hinunter. Um 11 Uhr sind wir schon wieder im Hauptlager und helfen beim Aufbau.

Am nächsten Tag sind wir dann schon sechs von der Mannschaft und acht Träger unter der Führung ihres Sirdars Isah Khan, die mit 25 Kilo auf dem Rücken zu Lager I hochsteigen. Unter einer kleinen Felswand schaufeln wir eine große Plattform aus und errichten dort die ersten Zelte. Dieser Platz soll die Basis für viele Hochträger werden. Vom Basislager zu Lager I können sie zwischen 20 und 25 Kilo tragen, zum späteren Lager II dann nur noch 14 Kilo, also müssen fast doppelt so viele Träger eingesetzt werden. Wir atmen schwer. Bereits hier beträgt der Sauerstoff-Partialdruck nur noch halb so viel wie auf Meereshöhe.

Isah Khan

Isah Khan begleitete Herrligkoffer schon seit 1953 auf all seinen Expeditionen zum Nanga Parbat. Für mich als damals noch jungen Menschen war es unmöglich, die Zahl seiner Jahre zu schätzen, in etwa mögen es wohl so viele gewesen sein, wie ich sie heute selbst durchlebt habe. Wie jedes Gesicht die Gezeiten des persönlichen Schicksals und der eigenen Umwelt widerspiegelt, so zeigte sich dies ganz besonders ausgeprägt bei unserem Isah Khan. Vielleicht war er gerade Mitte 50, aber was mir sein Aussehen unvergesslich machte, waren die tief gefurchten Krähenfüße um die Augen, die seinem Antlitz einen verschmitzten Ausdruck gaben, seiner Autorität aber keinen Abbruch taten. Auf mich wirkte er wie ein weiser, gelassener Mann, der die Illusionen des Lebens kennt und weiß, dass vieles nicht so ist, wie es scheint. Von jedermann war Isah Khan hoch respektiert.

Ab 11 Uhr wird die Hitze unerträglich. Zum Glück sind wir diesmal schon um 2 Uhr morgens aufgebrochen. Zwangsläufig wird dies im Bereich der unteren Lager auch die Stunde des Aufbruchs bleiben. Der Nanga Parbat liegt in einer subtropischen Zone. Nachts legt sich eine Eisschicht über das Basislager, am Tag aber, wenn zum Sonnenschein noch die vom Gletscher reflektierte Hitze der Sonnenstrahlung hinzukommt, kann die Temperatur bis auf 40 Grad steigen.

Am Tag darauf, dem 18. Mai, feiert Günther Messner auf Lager I seinen 24. Geburtstag. Wir bringen ihm ein Ständchen und backen ihm einen mit Kerzen geschmückten Schneekuchen. Jeder von uns hat Günther sehr gern und wünscht ihm nur das Beste. Er hat ein zögerndes, reflektierendes und zurückgezogenes Wesen, fast etwas Rehhaftes. Günther ist aus ganz anderem Holz als Reinhold, ja es fällt schwer zu glauben, dass sie Brüder sind. Mit Sicherheit kommen sie nur deshalb so gut miteinander aus, weil Günther sich seinem Bruder vollkommen unterordnet.

Günther Messner

Auch die nächsten Tage brechen wir der Hitze wegen teilweise schon um Mitternacht auf. Günther Messner klagt über

Schnupfen. Auch Reinhold und Peter Scholz geht es nicht gut, andere im Basislager klagen über Kopfweh. Vermutlich macht sich ein leichtes Grippevirus breit. Hermann Kühn geht es mit seiner Darminfektion noch immer denkbar schlecht, er liegt apathisch im Zelt. Während die eine Gruppe sich schon in Richtung Lager II vorarbeitet, baut die andere noch die Strecke zu Lager I besser aus. Mehr Fixseile werden gelegt, die Routenführung verbessert.

Zu Lager II müssen die schwierigen Wieland-Felsen und die Eiswand mit Seilen gesichert werden. Diese Arbeit übernehmen Haim, Mändl, Baur und die Messners. Am nächsten Tag setzen Scholz, Mändl und ich die Arbeit fort. Die »Senkrechte« fängt an, mit ihrer Urgewalt auf uns zu wirken. Zum dritten Mal in der Besteigungsgeschichte der Rupalwand ist nun dieses Bollwerk genommen: Lager II auf 5.500 m ist erreicht. Alle spüren wir inzwischen die Höhe, das Leben verlangsamt sich: die Schritte, das Denken und Handeln. Jeder klagt über Kopfweh, Brechreiz, verminderte Leistungsfähigkeit und auch Schlafprobleme, unser Organismus muss sich offensichtlich erst umstellen. Doch der Körper hat sich noch nicht genügend an die Höhe angepasst, da steigt man schon wieder weiter hinauf. Lager II errichten wir unterhalb einer ungefähr 30 Meter hohen senkrechten Eisnase. Wenn von den oberhalb liegenden Gletscher-Überhängen Eistürme abbrechen, donnern diese links oder rechts am Lager vorbei.

Am 20. Mai schlägt das Wetter um, Sturm und Schnee bis ins Basislager. Alle machen jedoch weiter. Günter Kroh und Elmar Raab arbeiten sich am nächsten Tag mit einigen Trägern zu uns nach Lager II hoch. Schritt für Schritt kommen sie heraufgestapft, jeder allein mit sich und seiner Atemfahne. Günter Kroh steckt zuerst die Nase ins Zelt. Er wischt sich den Schnee aus dem Bart und tunkt die Nase lang und genießerisch in den Kochtopf. »Nix da! Riechen ja, Essen nein.« Kurz darauf kommt Elmar Raab an, lässt sich flach in den Schnee fallen, pumpt nach Luft.

Elmar Raab stieß auf etwas unge-
wöhnliche Weise zur Gruppe: Es
fehlte ein Lastwagenfahrer. Herrligkoffer hatte gute Beziehungen zum
Bundesgrenzschutz und dieser stellte
Elmar, der auch Heeresbergführer
ist, für diese Zeit frei. Elmar war nie
Extrembergsteiger, aber als langjähriger Ausbilder im Gebirge äußerst
erfahren. Als Beamter war er natürlich Befehlsempfänger, ein prächti-
ges Exemplar gelungenen bürgerli-
chen Lebens. Im Vergleich zu ihm

Elmar Raab

war ich geradezu ein Anarchist. Da uns aber kein hierarchi-
sches System zusammenführte, verstanden wir uns bestens.
Mit seinen weniger ehrgeizigen Ansprüchen wirkte er im
Team sehr ausgleichend. Er hatte auch ein ausgezeichnetes
Verhältnis zu den Hochträgern, führte sie mit Zuckerbrot und
Peitsche und genoss deren vollen Respekt. Elmar ist heute
verheiratet und leitet seit ewigen Zeiten den Bergausbildungs-
bereich beim Bundesgrenzschutz in Berchtesgaden.

Dann kommt Sepp mit zwei anderen Hochträgern, die Anstrengung steht ihnen ins Gesicht geschrieben. Eigentlich
heißt er Hidayat Shah, aber jeder kennt ihn nur unter dem
Namen Sepp. Er ist unser bester Hochträger, wendig und geschickt. Elf Expeditionen hat er schon hinter sich. Als Einziger
hat er die Erfahrung eines Bergsteigers und wird von der ganzen Mannschaft auch als ein solcher voll akzeptiert.
Als Nächster trifft Ali Madad ein: dürr, knochig, wild, mit
dichtem langem Haar und Bart. Das Gegenteil von ihm ist
Ibadat, dunkelblond, blaue Augen, hellhäutig, weiche Ge-
sichtszüge. »Sindabad«, rufen wir allen zu, »Sindabad«, geben sie zurück. Es ist obligatorisch, dass wir ihnen helfen,
die Lasten abzunehmen.

Jeder trinkt ein paar Tassen Tee, dann steigen sie schon wieder ab, eilig, als wollten sie vor etwas fliehen – die Schlafsäcke auf Lager I rufen! Elmar und Günter Kroh bleiben noch, inzwischen kehren auch Werner Haim und die Messners von oben zurück, sie haben Fixseile in die Eiswand gelegt.

Auch am nächsten Tag bessert sich das Wetter nicht. Die Messners und Werner Haim steigen ab ins Basislager, Felix Kuen, Gert Mändl, Peter Scholz und ich bleiben oben. Kuen und ich sind Stunden damit beschäftigt, im fast senkrechten Eis und dichtestem Schneetreiben eine Aluminiumleiter über einer klaffenden Randkluft anzubringen.

In den beiden darauf folgenden Tagen ist die Lawinengefahr so groß, dass Lager I und Lager II nicht mehr versorgt werden können. Uns allen tut die erzwungene Rast aber ganz gut. Gert und Peter teilen ein Zelt, Felix und ich ein anderes.

Zwei Seelenverwandte

Felix Kuen und Reinhold Messner verband ein enormer Ehrgeiz, der bei Felix das eigene Leistungsvermögen noch übertraf. Beiden fehlte die gewisse »Leichtigkeit des Seins«. Irgendwie waren sie seelenverwandt, kamen aus der gleichen Kälte. Herrligkoffer fing an, die beiden gegeneinander auszuspielen, und das fiel sofort auf fruchtbaren Boden. Mit Argusaugen beobachteten sie sich, bei beiden schien sich zunehmend unterschwellige Antipathie aufzubauen. Reinhold, getrieben von unbeherrschbarer Aggressivität, stellt aber im Nachhinein Felix vollkommen zu unrecht quasi als des Teufels Sohn hin, der ihm und seinem Bruder den Tod gewünscht habe. Felix war im Gegensatz zu Reinhold ein sehr einfacher Mensch, der bereits zufrieden gewesen wäre, seine eigene Identität zu finden, um überleben zu können. In ihm wohnte nichts Bösartiges, eher reine Verbissenheit.

Diese beiden »Seelenverwandten« fanden zu grundverschiedenen Problemlösungen. Der extrovertierte Reinhold wollte und will auch heute noch der Welt zeigen, wer er ist und dass er der Welt wert ist. Kritik lässt er nicht an sich heran, sie macht seine Schutzhaut nur noch dicker.

Der introvertierte Felix dagegen ruderte damals gegen schwere Depressionen an, er versuchte verzweifelt, das eigene Leben zu bewältigen. Jegliche Kritik ließ den dünnen Film von Selbstsicherheit schnell abblättern. Die Musik des Lebens klang Felix in Moll, es gab nicht viel Heiteres und Frohes für ihn. Er sah weniger die funkelnden Lichter der Sterne als vielmehr die Schwärze, vor der sie erstrahlen. Seine Gedanken waren dunkel wie Sturmwolken. Ständig fühlte er sich bedroht, beobachtet, beurteilt, war verkrampft, weil er immer auch der Beste sein wollte. Natürlich fiel ihm dadurch von Seiten seiner Mitmenschen keine spontane Zuneigung zu, doch haben wir ihn stets als guten Bergge-fährten erlebt.

Felix Kuen

Jeder macht seine Lebensreise für sich, und kein Weg ist weiter als der zu sich selbst. Viele kommen nie richtig bei sich an, manche verlieren jegliche Hoffnung. Felix Kuen erhängte sich 1974 mit einem Stromkabel an der Türklinke seines Hauses, mit dem Kopf nur wenige Handbreit über dem Boden – ein letzter verzweifelter Willensakt! Reinhold Messner beschert Felix einen bitterbösen Nachruf: Felix habe ein ernsthaftes Problem damit gehabt, dass Reinhold lebend zurückkehrte.

Ich könnte mir im Gedenken an Felix vorstellen, wie er im nächsten Leben, in einem Adlerhorst am Dach der Welt geboren, schwerelos an den Flanken der Achttausender entlangstreicht, über karstigen und mit grünen Reisterrassen angelegten Tälern seine Kreise zieht, und wie die Menschen dort angesichts ihrer eigenen Schwere und Erdgebundenheit wehmütig zu ihm hochblicken.

Die Mannschaft wächst zusammen

Nichts enthüllt die Unvollkommenheit des Menschen so sehr wie das Zusammenleben, insofern ist es besonders erfreulich, wie wir allmählich als Team zusammenwachsen, wie eine immer stärkere Verbundenheit entsteht, ja dass uns nicht nur das gemeinsame Ziel zusammenhält, sondern eine wechselseitige Beziehung um ihrer selbst willen. Ich möchte hier noch nicht von Freundschaft sprechen, dem großen, häufig auch missbrauchten Wort, das nur selten voll inhaltlich zutrifft und tiefer in die Privatsphäre reicht. Waren wir kurz vorher noch eine bunt zusammengewürfelte Mannschaft, die nur die Leistung am Berg verband, also nichts weiter als eine zweckgerichtete Symbiose, so sind wir inzwischen zu Kameraden geworden. Leider hängt dem Wort Kameradschaft etwas Altbacken-Verstaubtes an, aber es behält nichtsdestotrotz seinen Wert: Ich sehe Kameradschaft sozusagen als einen Katalysator für Persönlichkeitsgewinn, einfach dadurch, dass der eine für den anderen vorbehaltlos eintritt.

Natürlich harmonierten wir von der Bergsteigermannschaft nicht alle gleichermaßen – dies wäre bei so verschiedenen Charakteren auch nicht zu erwarten gewesen. So war Felix Kuen als depressiver Mensch immer mit sich selbst uneins. Mit sich zumindest einigermaßen im Reinen zu sein, ist aber die Grundlage, auf der sich Freundschaft mit anderen überhaupt erst entwickeln kann.

Auch in Reinhold Messners Wesen liegt anscheinend nicht die Fähigkeit, den Schritt vom Ich zum echten Wir zu vollziehen.

70

Aber grundsätzlich belastete die Situation mit Felix und Reinhold die Mannschaft kaum. Denn diese räumte – fast als Selbstschutz – solchen Menschen eine gewisse Narrenfreiheit ein. Auch wir anderen hatten schließlich unsere Macken, wenn auch nicht so ausgeprägte.

Wie bei kaum einer anderen Sportart werden beim Bergsteigen alle guten Humaneigenschaften gefordert: Hoffnung, Verantwortung, Optimismus, Initiative, Mut, Kreativität, Loyalität und Verstand. Und ich wüsste keinen dem Bergsteigen vergleichbaren Sport, in dem Kameradschaft eine so tragende Rolle einnimmt. Wer in jungen Jahren Bergsteiger wird, bleibt es gewöhnlich bis ins hohe Alter, und auch die Zusammengehörigkeit währt oft ein ganzes Leben lang. Ich halte zum Beispiel relativ engen Kontakt mit rund 100 Bergsteigern, dagegen nur mit drei Seglern, obwohl ich fast neun Jahre mit meinem Segelschiff unterwegs war.

In der Nacht zum 25. Mai hört es auf zu schneien und die Wolkendecke lockert sich etwas auf. Dennoch bleibt es ein bedrückender Tag, verhangen und lichtlos. Als Felix, Peter, Gert und ich zur »Stunde des Wolfes« aufstehen, empfängt uns ein kalter, unfreundlicher Morgen mit scharfem Wind und jagenden Nebelschwaden.

Unsere Rucksäcke sind angefüllt mit Seilen, Eisschrauben, Fels- und Eishaken. Als wir uns auf den Weg machen, versinken wir zunächst knietief im Schnee und der feine Pulverschnee stiebt von den Schuhen. Über die Aluminiumleiter steigen wir jetzt problemlos über den Bergschrund und treffen endlich auf Eis. Die hier beginnende Wieland-Eiswand ist steil wie die Ortler-Nordwand, so dass sich kein Schnee hält. Mit den Jümar-Bügeln, einem Klemmgerät, um an Seilen hoch- und abzusteigen, sichern wir uns, bis die Fixseile enden, jeder kann damit seinen eigenen Schritt gehen. Danach seilen wir uns an und sichern einander. Links, atmen, rechts, atmen, immer gerade hoch. Der Atem geht rhythmisch, der

Bewegungsablauf nimmt etwas Maschinelles an. Ich merke, wie die Beinmuskeln das Blut an sich ziehen und im Gehirn eine angenehme, gelöste Stimmung entsteht. Bei diesen Aufstiegen konzentriere ich mich ganz auf meinen Körper, fühle den Pulsschlag in Blutbahnen und Muskelsträngen, den Waden, den Schulterblättern, dem Hals und an den Schläfen. Doch das Zentrum aller Wahrnehmung bildet stets der Atem. Es knistert in den Ohren, auch in ihnen spüre ich den schnell pochenden Puls.

Über eine Kante kommen wir in etwas flacheres Gelände. Hier irgendwo liegt eine Seilwinde der vorausgegangenen Expedition von 1968 vergraben, und nur wenig entfernt soll in den nächsten Tagen Lager III errichtet werden. Wir schaufeln eine Plattform und stellen ein kleines Zelt auf. Vom Basislager aus können sie uns mit starken Ferngläsern sehen, besonders das rote Zelt. »Ausgesetzt wie ein Adlerhorst sitzt es auf dem mächtigen Eisbalkon, der über einer breiten Eisrinne hängt, die ostwärts zum Bazhin-Gletscher abstürzt«, schreibt Herrligkoffer.

Erst wenn man abends wieder im Zelt ist, wird einem klar, wie viel Kraft man hergab für den Tag. Unser derzeitiges Weltbild beschränkt sich auf die Wand, alles andere ist sehr, sehr weit entfernt. Hier ist all jenes bedeutungslos geworden, was sonst Gültigkeit und Wichtigkeit haben mag: Zeitgeschehen, Moden, Mehrheiten, Meinungen, Produktionszahlen, Fakten und Phänomene, die hier am Berg für uns zu Nullgrößen geschwunden sind – ich weiß, weshalb ich hier bin: Ich suche das, wofür es sich zu leben lohnt, und das finde ich nur in der Auseinandersetzung und nicht in einem Paradies.

Der Berg, auf den ich mit der Gondel hochfahre, ist für mich nicht derselbe wie der, den ich zu Fuß ersteige. Denn nur das, was ich aus eigener Kraft gewonnen habe, ist mir ein wirklich lohnender Besitz. Ja, ich bin glücklich hier in dieser Wand, und im Moment total erschöpft!

26. Mai, morgens um 4 Uhr, Nebel. Gegen 6 Uhr bricht eine Gloriole von Lichtstrahlen hervor. »Ein Tag zum Helden zeugen«, wie Peter das zu nennen pflegt. Ein Meer von Gipfeln breitet sich vor uns aus, wie wir es bisher noch nicht sahen. Im Osten der K2, mit 8.611 m der zweithöchste Berg der Erde und auch einer der schwierigsten. Dann der Broad Peak mit 8.047 m, erstmals von Hermann Buhl bestiegen, nach dem Nanga Parbat sein zweiter Achttausender. Kurz darauf verunglückte er am Chogolisa.

Es fehlt an Material: Zelte, Lebensmittel, Seile, Batterien, Brennstoff. Gert und ich steigen ab zu Lager I und dann wieder hinauf nach II. Auf Lager I sind bereits die ersten Träger angekommen. Morgen soll wieder der Nachschub rollen.

Peter und Felix suchen oben nach der alten Seilwinde. Endlich finden sie sie, womit uns erspart bleibt, eine andere schwere Winde und 300 Meter Stahlseil hochzuschleppen. Die durch Schneefall verlorene Zeit ist damit kompensiert.

Reinhold steigt an diesem Tag fast 2.000 Höhenmeter vom Basislager bis zum Lager II in angeblich dreieinhalb Stunden empor. Er findet dafür bei uns keine besondere Anerkennung, denn entscheidend für die erbrachte Leistung am Berg ist im Moment einzig und allein die Traglast, die man sich in der Höhe zumutet. Wenn Reinhold eine solche Distanz tatsächlich in dieser Zeit gegangen ist, dann hat er nach unserem Geschmack mindestens 10 Kilo Gepäck zu wenig transportiert. Reinhold ist nach diesem Gewaltmarsch auch so erschöpft, dass er danach noch einen Rasttag einlegt.

Das Windenlager

Zwei Tage später werden die ersten Lasten mit der Seilwinde hochgezogen: drei Plastikbomben mit je 15 Kilo. Anfangs bleiben die Bomben ständig an Felsen und Eisnasen hängen, doch wir können die Schleifspur ständig verbessern, und schließlich braucht keiner mehr mitzugehen. Verhaken sich die Tonnen doch einmal, muss ein Mann von Lager II hoch- oder aber vom Windenlager absteigen. Die Messners ziehen an zwei Tagen je eine Last hinauf, was drei Stunden dauert, dann werfen sie das Handtuch: »Sklavenarbeit ... geisttötende Arbeit ... Die Hunzas sollen diese Arbeit tun!«

Die »Hunza« waren dann wir, die restliche Mannschaft. Nur zwei Hochträger waren fähig, bis zum Windenlager zu kommen, das waren Sepp und Ali Madad. 100 Höhenmeter über dem ungeliebten Windenlager entstand dann Lager III, nahe dem alten von 1968. Der Platz bot sich dafür an: eine Eishöhle

Arbeit im Windenlager

von der Fläche eines kleinen Wohnzimmers. Wir gaben ihr den Namen »Eisdom«. Es war wohl von allen Lagern das komfortabelste. Peter Vogler und Günter Kroh rückten zu Lager II nach. Werner Haim, Gert Mändl und ich übernahmen das Windenlager. Felix, Peter und die Messners wohnten ein Stockwerk höher, wenn kein Wind herrschte, konnten wir uns durch Rufe verständigen. Die Verbindung zwischen den Lagern wurde mit Seilen versichert, dann konnte auch bei schlechtem Wetter geklettert werden.

Das Kurbeln an der Seilwinde ist äußerst anstrengend, noch dazu muss kniend gearbeitet werden. Mehr und mehr entwickeln wir eine effizientere Methode, die Lasten am Tag hochzuwinden: Ein Mann kurbelt 20 Umdrehungen unter Höchstleistung, dann ein fliegender Wechsel, er kann verschnaufen. Derjenige, der das Drahtseil hinter der Winde auf eine Spule gedreht hat, übernimmt dann. Der dritte Mann, der inzwischen wieder zu Atem gekommen ist, geht an die Spule. Schon am zweiten Tag holen wir drei mal drei volle Plastikbomben von Lager II hoch. So aufreibend diese Arbeit auch ist, wir haben immer im Kopf, dass uns jede hochgezogene Last dem Gipfel näher bringt.

Die Stimmung zwischen Gert, Werner und mir ist die ganze Zeit hervorragend, nichts gibt es, was zwischen uns Spannungen entstehen lässt. Wir kommentieren unseren Sklavenjob mit nie versiegendem Sarkasmus.

Gert Mändl, immer zufrieden und selbstsicher, blieb auch angesichts von Schwierigkeiten stets ruhig und entspannt. Er war aus bestem Holz geschnitzt, was nicht überraschend ist: Sein Vater war Schnitzer. Wir lernten uns drei Jahre vor der Expedition kennen. Die letzten eineinhalb Jahre gehörte er zum engsten Münchner Bergsteigerkreis. Er fühlte sich im Fels wie im Eis gleichermaßen zu Hause. Die eigenen Leistungen vornean zu stellen, wäre ihm nie

Gert Mändl

in den Sinn gekommen. Gert am Gipfel des Nanga Parbat – das hätten danach nur wenige aus seinem Mund erfahren. Ihm hätte ich ohne mit der Wimper zu zucken meine erste

Million anvertraut, wozu es leider nie kam. Nach der Expedition waren er und Peter Scholz die dicksten Freunde, und das im reinsten Sinne.

Gert heiratete seine langjährige Freundin Evi, eine Top-Radrennfahrerin. Auf einer gemeinsamen Tour über die Pässe durch die Bergwelt Frankreichs fuhren sie eine Passstraße hinunter. Gert war gut einen Kilometer voraus. In einer Kurve drängte es ihn bis auf den Mittelstreifen. Von unten schnitt ein Motorradfahrer dieselbe Kurve. Wenige Minuten später fand Evi ihren geliebten Gert und den Motorradfahrer nur noch tot vor.

Im nächsten Leben wird Gert eine Dorflinde. Menschen werden zu seinen Füßen eine Bank errichten und unter dem Schatten seiner Krone für Augenblicke sich selbst vergessen. Liebespaare werden Herzen in seine Rinde schnitzen und er wird diese für deren Lebzeit bewahren.

Vorstoß zu Lager IV

Peter und Felix steigen inzwischen über Lager III hinaus und versichern die Felsen am Welzenbach-Eisfeld. Gerhard Baur filmt. Später schließen die Messners auf. Das Gelände ist äußerst schwierig, durchweg vergleichbar mit der Matterhorn-Nordwand.

Am 3. Juni wird mittags ihr Himmelsausblick aufgeschluckt. Von Osten prescht ein Sturm heran, den daherjagende Wolkenfetzen bereits angekündigt haben. Es beginnt zu schneien. In Abständen kommen Schneeschwaden von oben herunter, rauben ihnen den Atem und verkleben die Brille. Das glasharte, 60 Grad steile Couloir, eine breite Rinne, bringen sie gut hinter sich, doch dann stehen sie vor einer 10 Meter hohen, leicht überhängenden Eiswand, das letzte ganz große Hindernis vor Lager IV. Ein altes Seil der Expedition von 1968 hängt noch herab. Kann man ihm trauen? Besteht es über der Kante vielleicht nur noch aus wenigen Litzen? Sitzen die Eishaken noch fest genug im Eis? Peter hängt sich mit seinem ganzen Gewicht in das Seil und wippt. Dann fädelt er zwei Jümar-Bügel ein und steigt kaltblütig das frei hängende Seil hoch. Peter wie er leibt und lebt!

Mich erinnert das an eine Begebenheit bei ihm zu Hause. Peter wohnte bei seiner Mutter in München, in der Schwabinger Schellingstraße im fünften Stock, unterhalb des Dachs. In der Häuserschlucht brandete der Verkehr und an beiden Seiten reihten sich zahlreiche kleine Geschäfte. Eines Nachmittags kam Peter nach Hause und vermisste den Wohnungsschlüssel. Er ging zum Speicher hoch, stieg durch die Kaminkehrerluke, kletterte barfuß auf Reibung das steile Dach herunter, hangelte sich über die Dachrinne und gelangte durchs Fenster in die Wohnung. Peter saß schon längst auf der Toilette, da hörte er eine Sirene – die Feuerwehr rückte an mit einem Sprungnetz.

Ellbogenlänge um Ellbogenlänge schiebt sich Peter hoch – eine härtere Arbeit auf 6.600 m Höhe ist kaum vorstellbar. Stück für Stück werden die Lasten hochgehievt, in einem Biwaksack verstaut, mit Seilen versichert und schließlich mit Schnee zugeschaufelt. Der Schneesturm nimmt zu, die Verständigung wird immer schwieriger. Jetzt nichts wie runter! Die Fixseile sind inzwischen gefroren, steif wie Draht. Eisklumpen kleben an ihnen, sie müssen mühsam weggekratzt werden, sonst gleiten die Jümar-Bügel nicht darüber hinweg. Nach genau zwölf Stunden kommen die zwei Seilschaften ins Lager zurück.

Peter Scholz im Schneesturm

77

Mühsamer Einsatz

Vom Windenlager aus konnten wir am Morgen die Seilschaften auf dem Welzenbach-Eisfeld noch gut als kleine Punkte wahrnehmen. Seit Mittag wird die Sicht aber zunehmend schlechter, die Sonne ist stumpf wie eine beschlagene Messingscheibe. Wind kommt auf, es riecht nach Schnee. Langsam scheint es ungemütlich zu werden! Hier im Windenlager bekommen wir alles unmittelbar mit, es ist dem Wetter vollkommen ausgesetzt.

Am Morgen des 4. Juni erwache ich nur wenige Minuten früher, als mich meine innere Uhr sonst weckt. Schwarz liegt die Nacht über dem Zelt, das Tageslicht scheint sich verspätet zu haben. Ich öffne den Reißverschluss des Zeltes, da rauscht

Schnee schaufeln im Windenlager

auch schon eine Schneelast ins Innere. Wir schlafen noch ein Stündchen, doch dann wird es eng im Zelt, der Schnee drückt die Zeltwände auf unsere Körper. Mit schlangenartigen Bewegungen ziehen wir uns an und beißen uns wie Raupen durch eine Schneewechte. Um Gert diese Tortur zu ersparen, schaufeln wir ihn aus. Auch die Windenplattform ist vollkommen verdeckt. Die Mitkämpfer von Lager II haben noch am Vortag Lasten angehängt, und so beginnen wir unser Galeeren-Tagwerk. Anfangs geht das Kurbeln mühsam, doch die Eiswand ist so steil, dass sich kein Schnee hält. Wir wechseln wie gewöhnlich alle paar Minuten durch, doch diesmal kann immer nur einer von uns kurbeln, der andere muss schaufeln. Auch die Zelte müssen alle Stunde frei geschaufelt werden, damit das Gestänge nicht bricht.

Werner Haim schreibt in seinem Tagebuch: »Der Schneesturm hält mit unverminderter Stärke an. Manchmal glauben wir, es fegt uns das Zelt weg. Der Schnee lastet auf dem Zeltdach, wir können uns kaum bewegen. Alles ist nass und feucht. Morgens graben wir uns aus. Wir versuchen heute, trotz Schlechtwetter, eine Last heraufzuziehen. Etwa 60 m ist die Last noch von uns weg, da plötzlich ein Ruck – das Aufzugseil ist gerissen – alle Arbeit war umsonst! Drei Lasten saus-

Viel Neuschnee in der Rupalwand

ten in die Tiefe, mit sämtlicher Ausrüstung und der so lang ersehnten Post. Alles ist weg ... Über ein Meter Schnee ist schon gefallen. Der zweite Schlechtwettertag. Wir warten und hoffen.«

Wir können nichts anderes tun, als Schutz in den Zelten zu suchen. Da das Lager nur aus einer kleinen, aus dem steilen Eis herausgeschlagenen Plattform besteht, staut sich auch noch zusätzlich der vom oberen Hang herabrieselnde Schnee zwischen der Plattformwand und den Zelten. Jede Stunde muss einer hinaus. Werner und ich hängen notgedrungen wie ein Liebespärchen zusammen. Gert kann immer eine halbe Stunde länger liegen bleiben. Langsam spielt sich eine gewisse Schaufelroutine ein: Raus aus dem Schlafsack, Hose anziehen, dann die Überhose, Pullover, Anorak, zwei Paar Stiefel übereinander, Gamaschen – das alles im Liegen, wurmartig, halb auf dem Gefährten liegend.

Jede Bewegung bringt einen außer Atem, denn immerhin befinden wir uns auf 5.900 m. Ein Keuchen und Stöhnen wie aus dem Hades. Dann die Plage, sich aus dem Zelt herauszu-

winden, direkt hinein in die Schneewehe, und dies bei Wind und 20 Grad und mehr unter Null. Zehn Minuten schaufeln, dann wieder rein ins Zelt, fünf Minuten zum Ausziehen, denn mit der vielen Kleidung passt man nicht in die engen Mumienschlafsäcke. Anschließend zehn Minuten Zehen und Hände reiben, damit wieder Leben in sie kommt. Endlich glaubt man, Ruhe sei eingekehrt, und versucht, gedanklich beim letzten Traum anzuknüpfen. Aber schon nach fünfzehn Minuten rücken wir uns wieder auf den Leib, immer näher, bis es nicht mehr geht. Dann fängt Werner an, sich zu winden und zu drehen, zu keuchen und zu stöhnen, und man selbst stöhnt mit, weil er einem den Ellbogen auf die Brust oder das Knie in den Bauch drückt. Endlich ist er draußen, man wünscht, er würde so bald nicht wiederkommen, vielleicht einige Zeit in einer Disco versumpfen. Dann ein erneuter Versuch, am angenehmen vorherigen Traum anzuknüpfen.
Die Nacht vergeht mit einer Zähigkeit, als lösten wir festgezogene Knoten aus einem Seil. Wir fühlen uns wie gerädert, beschließen aber trotzdem, die Winde freizuschaufeln und an das Drahtende einen neuen Wirbel zu spleißen. Diese Arbeit lässt sich nicht mit Handschuhen ausführen, und so sind wir weitaus mehr damit beschäftigt, wieder Leben in die Finger zu bekommen. Das Los fällt auf Gert, sich ins Drahtseilende zu binden und zu Lager II abzusteigen.

Am 6. Juni kommt Felix von Lager III herunter, Werner beschließt, mit ihm zum Hauptlager abzusteigen. Mittags treffen dann Peter und Gerhard ein, auch sie entscheiden sich, ganz abzusteigen, denn der Wetterbericht sagt weiterhin Sturm und Schnee an. Sie wollen nicht unnötig Lebensmittel aufzehren, zudem nimmt die Lawinengefahr am Wieland-Gletscher stündlich zu. Reinhold und Günther bleiben oben, sie wollen sich weiter akklimatisieren. Wir gehen bei dieser Expedition noch davon aus, dass die Höhenanpassung am besten dadurch zu erreichen sei, indem man sich möglichst tagelang an einem Stück in relativ großer Höhe aufhält. Heute weiß man, dass es für die Akklimatisation besser ist, immer wieder zwischen tieferen und höheren Lagen zu wechseln.

Ich warte auf Gert, der, wie verabredet, wieder aufsteigen will. Dieser kommt dann mit der unglaublichen Nachricht, dass die drei abgestürzten Lasten wieder geborgen wurden. Sie wurden nahe Lager II im tiefen Schnee gefunden.

Gert hat vier Briefe für mich dabei: ein Brief – oh Herz, sei nicht so bang! – von meinem Flötenmädchen, zwei von der Mutter und einen von Manfred Rogge aus Peru. Freund Manfred schreibt aus Peru, dass er mit Freunden in die Cordillera Blanca wollte: »Einen Tag, bevor wir nach Yungay kommen sollten, um von Don Marcelo, den du uns empfohlen hast, Maultiere zu leihen, kam es am Huascarán zu einem Bergsturz und eine Schlammlawine begrub innerhalb weniger Minuten den ganzen Ort. Wir kamen einen Tag nach dem Unglück an, haben unsere Bergziele vorerst zurückgesteckt und helfen bei den Bergungsarbeiten. Es gibt vermutlich mehr als 70.000 Tote. Von den Bildern, die Du mir zeigtest, sieht man heute nur noch die Kirchturmspitze und daneben das Skelett von einem Omnibus. Ich denke viel an euch.« Die Nachricht erfüllt mich mit Trauer. Meine Gedanken schweifen ab zu den Menschen in Yungay. Gleichzeitig merke ich aber auch, wie weit zurück bereits die Landschaft Südamerikas für mich liegt, wie in einer anderen Welt, die ich irgendwann einmal im Traum durchquert habe – gedanklich nur noch ein kometenhafter Streif, der zart vergeht. Aber die Erinnerung an die Erlebnisse mit den Menschen bleibt wach, hat nichts an Schärfe verloren.

Die Mutter ermahnt mich im Brief, ich solle nicht vergessen, die Unterhose zu wechseln. Habe ich schon getan! Die kurze wechselte ich vor sechs Tagen und die lange – wenn ich nachrechne, dürfte das schon drei Wochen her sein. Der Grund: Am Anfang war sie noch nicht so dreckig, später war es zu kalt oder ich hatte Steigeisen an.

Die Mutter schreibt mir eine Geschichte, hintergründig wie immer: Von zwei Fliegen, die abends in einen Milchtopf stürzen, verlor eine die Hoffnung, hörte auf zu schwimmen und ertrank. Die andere schwamm die ganze Nacht und saß am Morgen auf einem Kloß Butter.

Schon der ungeöffnete Brief der Liebsten bezaubert Herz und Verstand, entfacht das Feuer der Emotion und lässt Sturm und Schnee vergessen. Was werde ich ihr zurückschreiben? Doch diese Frage erübrigt sich, denn das Flötenmädchen kündigt mir die Freundschaft auf, kurz und bündig, ganz nach dem Motto: Wenn ich eine Bratsche hätt', brätschte ich zu dir, aber da ich nur eine Flöte hab, pfeif ich auf dich. Recht hatte sie, denn Bergsteiger sind ja tatsächlich etwas problematische Zeitgenossen. Dann gehe ich halt mit mehr Sammlung auf den Nanga Parbat!

Wir legten mein Zelt flach und ich zog in das von Gert um, da es etwas weiter weg von der Plattformwand stand. In der Nacht hatte es wieder gut einen Meter geschneit und das Schaufeln steckte uns in den Knochen. Wir fühlten uns abgekämpft, hatten aber dennoch beschlossen, zwei Winden-Ladungen hochzuholen. Der Gedanke, dass uns jede Ladung dem Gipfel näher brachte, gab uns auch jetzt wieder die nötige Kraft. Wir konnten von großem Glück sprechen, dass die steile Eiswand den Einsatz einer Winde erlaubte, die Mannschaft hätte niemals so viel Ausrüstung in den Rucksäcken hochschleppen können.

Wie gewöhnlich wechselten wir alle paar Minuten die Positionen, einer von uns kurbelte, der andere schaufelte drumherum den Schnee weg. Auch das Zelt musste alle zwei Stunden ausgeschaufelt werden, um Schäden zu vermeiden. Irgendwann kamen Reinhold und Günther und trugen eine Ladung zu Lager III hoch – immerhin! Wir baten sie, noch ein- oder zweimal zu kommen, denn wir wussten nicht mehr, wohin mit der Ausrüstung. Aber sie tauchten nicht mehr auf.

Am späten Nachmittag waren wir reichlich geschafft, trugen aber trotzdem noch eine Ladung zu Lager III. Wir taten es nicht für Reinhold und Günther, sondern für die Mannschaft. Wir wussten, dass auch die Gefährten auf Lager II unter widrigsten Umständen noch durchhielten, um uns die Bomben zu füllen.

Gert und ich, ebenso wie zuvor Werner, waren ziemlich sauer auf die Messners, denn die schrieben lieber Tagebuch. Auch später beim Lastentransport zu Lager IV – ein besonders anstrengender und anspruchsvoller Aufstieg – legten sie gerne einen Rasttag ein. Drei Jahrzehnte später sagt Reinhold, er verstehe ja, dass die Kameraden auf ihn sauer seien, sie würden mit seiner alles überdeckenden Leistung nicht fertig. Diese ist uns in der Wand aber partout nicht aufgefallen.

Zum Abendessen öffnet Gert eine Dose mit irgendwelchen preußischen Fleischklößen. Er zaubert auch eine Tube Meerrettich hervor und will damit das Essen abschmecken. Irgendetwas blockiert den Tubenausgang. Der große Koch stochert, drückt mit den Handflächen, drückt kräftiger – und alles schießt vom falschen Ende in den Schlafsack. Über meine Belehrung, jeder Lernprozess sei auch eine Bewusstseinserweiterung, ist Gert nicht gerade beglückt. Mit Löffeln kratzen wir den Meerrettich wieder aus dem Schlafsack und füllen ihn in einen Becher, den Rest drücken wir beim Reinigungsversuch mit Toilettenpapier zu den Daunen durch. Ich bin sicher, Gert träumt in diesem Schlafsack nur noch von bayrischem Leberkäs mit Meerrettich.

In der Nacht donnert irgendwo eine Staublawine zu Tal, ihr Luftdruck lässt das Zelt über unseren Köpfen einstürzen. Wir arbeiten bis zur totalen Erschöpfung und Unterkühlung, doch irgendwann steht das Zelt wieder und wir kriechen zurück in die Schlafsäcke. Dies alles muss einige Stunden gedauert haben, denn es graut bereits der Morgen. Irgendwie will die Wärme nicht mehr in den Körper zurückkehren. Wir werfen die zwei Petroleumkocher an, sie fauchen im Duett. Mit dicken Handschuhen halten wir sie mit den kopflastigen Töpfen in Balance.

Wir fragen uns: Sollen wir nach Lager III umziehen oder ganz absteigen? Mit jedem Gedanken, jeder Bewegung spüren wir, dass der Schlafmangel längst unseren geistigen Scharfsinn und unser Potential für dauerhafte Leistung untergraben hat. Weißes, lichtloses Schweigen umgibt uns und es wird noch lange kein Ende haben!

Am 7. Juni geben wir beim Funkgespräch um 8 Uhr durch, dass wir zum Hauptlager absteigen werden. Die Mannschaft befindet sich nun seit drei Wochen in der Wand; 3.000 Höhenmeter sind überwunden, das entspricht etwa 4.000 Klettermetern. Grundsätzlich können wir damit zufrieden sein, doch jeder Schlechtwettertag mindert die Erfolgschancen.

Wieder im Basislager

Die Nacht und den halben nächsten Tag schlafen Gert und ich durch. Hermann Kühn ist wieder ganz gesund und war bereits mehrmals auf Lager II. Nachmittags klart es auf und die Hoffnung steigt.

»L-a-w-i-n-e!«, hallt ein Ruf über den Lagerplatz. Alle schauen zur Wand hoch. Ja, weit oben baut sich eine Schneestaubwolke auf. Dann dringt ein wachsendes Rauschen zu uns, das zum Brausen anschwillt, dann zu einem Dröhnen und scharfen Zischen wird. Schließlich zerreißt ein ohrenbetäubendes Donnern die Luft, das noch bis in die Knochen nachvibriert. Eine Walze, zwei Kilometer breit, hüllt die halbe Wand ein. Jeder blickt hinter sich, nirgends ein Fluchtweg. Die Walze erreicht den Wandfuß, wächst wie ein Atompilz, hält genau auf das Lager zu.

Ich hole die Kamera, sage mir: Wenn schon unausweichlich, dann wenigstens ein paar Fotos schießen! Jeder läuft kreuz und quer, schließt die Zelteingänge, bringt Schlafsäcke und Wäsche in Sicherheit. Innerhalb von Sekunden fegt ein orkanartiger Sturm über das Lager. Nur noch Augenblicke und die Walze wird über uns hereinbrechen, keiner weiß, was geschehen wird. Ich falte die Daunenjacke und drücke sie ans Gesicht. Zehn Sekunden später dann absolute Stille, der Spuk ist vorbei. Das Basislager ist weiß überzuckert, einige Zelte liegen flach. Die Lawine hatte sich am Wandfuß aufgerieben und die auf uns zukommende Walze war zum Glück nur noch der Schneestaub, den der Luftdruck der Lawine herantrieb. Der Schreck sitzt uns ganz schön in den Gliedern. Ja, der Berg führt uns eindringlich die Lebensgefahr und die Nähe des Todes vor Augen.

Um 18 Uhr hängen wir alle am Radio und hören die Wetternachrichten, danach geht jeder mit langem Gesicht zur Feuerstelle. Erst durch die Gespräche tauen die eingefrorenen Gemüter langsam wieder auf. Wenn Peter Scholz zur Mundharmonika greift, sind die schlechten Wetternachrichten gleich wieder vergessen.

Zwei Tage später hört es gegen Mittag auf zu schneien. Als ob der Vorhang von einer Bühne gerissen worden wäre, öffnet sich irgendwann plötzlich ein breiter Durchblick. Wie ein weißer Schild steht der Berg vor uns. Bevor einer zur Kamera greifen kann, schließt sich der Vorhang wieder, doch die Hoffnung bleibt.

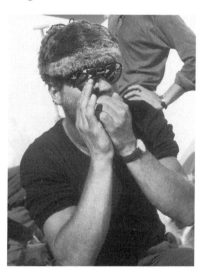

Peter Scholz spielt Mundharmonika

Ein zerknüllter, feuchter Brief macht die Runde, geschrieben von Wolf Bitterling.

Wolf Bitterling

Wolf Bitterling war kein Bergsteiger. Er kam als Basislagerkoch zur Expedition, machte sich aber bald überall nützlich, wo Arbeit getan und Verantwortung getragen werden musste. Als der Materialnachschub von unten durch das schlechte Wetter ins Stocken geriet und viele Bergsteiger schon über Lager III operierten, ging Wolf bis auf das ungeliebte Windenlager und leistete dort anstrengende »Hunza-Arbeit«.

Wolf hatte etwas Arrogantes an sich, er war bei der Lufthansa als Steward angestellt und ich weiß nicht, ob es diesem Beruf entsprang oder seine Wesensart war. Arroganz kommt bei Bergsteigern gewöhnlich nicht gut an, vielleicht weil ein Berg jede Arroganz schnell bestraft.

An diesem Tag also trug der Wind einen begonnenen Brief von ihm hinweg, jemand fand ihn, und dieser ging nun von Hand zu Hand. Darin stempelte er uns Bergsteiger ziemlich brüsk ab: Wir trügen das Hirn in den Waden. Das war natürlich böse und voreingenommen, und so bauten wir auch ihm gegenüber Vorurteile auf. Wechselseitig nahmen wir uns also die Chance, uns besser kennen zu lernen. Da er von Herrligkoffer stark beeinflusst war, hielt nach der Expedition keiner von uns Kontakt zu ihm. Trotzdem hat es uns dann alle tief betroffen gemacht zu hören, dass er sich durch einen Autounfall so schwere Gehirnverletzungen zugezogen hatte, dass er seit über zehn Jahren in einem Pflegeheim liegt. Die Möglichkeit der Aussprache ist uns heute nicht mehr gegeben.

Am Nachmittag verzogen sich alle Wolken, zurück blieb ein strahlend blauer Himmel. Neuschneelawinen lösten sich von den Steilhängen. Alle bereiteten wir uns auf einen nächtlichen Aufstieg vor. Der Wetterbericht gab eine gemischte Prognose

– damit hat er immer Recht. Ab 19 Uhr war das Hauptlager wie ausgestorben. Ein letzter Blick hinauf zur Wand. Der Berg wirkte dunkel, wehrhaft und in sich ruhend. Ich schaue lieber von oben nach unten als umgekehrt.

Ein neuer Versuch

11. Juni, kurz nach Mitternacht. Die erste Lichterkette hält auf die Wand zu. Schön leise, keinen Lärm machen, der Gigant schläft. Felix, Werner, Gert, Peter Vogler und ich haben vor, gleich bis Lager III beziehungsweise bis zum Windenlager durchzusteigen. Ich habe zwei frische Unterhosen an, ein gutes Gefühl.

Nach den Wieland-Felsen taste ich mich einen steilen Hang hinüber, plötzlich ein kurzes unfreiwilliges Absacken. Reflexartig spreize ich die Arme – und da schaue ich nur noch ab der Achsel aus einer Spalte, die Beine suchen vergeblich nach Halt. Man beachte meinen Optimismus: Ein Pessimist würde sagen, er stecke ab der Achsel in der Spalte. Zum Glück ziehen mich helfende Hände an den Rucksackriemen wieder heraus. Wir gehen ein kurzes Stück zurück, versuchen die Spur hinter uns abzudecken, damit keine Nachfolgenden in ihr gehen, dann steigen wir einige Meter oberhalb weiter.

Kurze Rast auf Lager II. Mittags treffen wir im Windenlager ein, finden es aber nicht sogleich. 2.300 Höhenmeter sind wir in einem Stück durchgestiegen, hatten gehofft, Reinhold und Günther hätten das »Refugium« inzwischen ausgeschaufelt und wir bräuchten nur noch in die Schlafsäcke zu fallen.

Schon quollen aus dem Westen wieder dunkle Wolken hervor, wie von einem riesigen Brandherd. Es roch nach Schnee. Zuerst schaufelten wir das Lager wieder frei und stellten die Zelte auf. Peter Vogler ging es während dieser Arbeiten plötzlich sehr schlecht, er fühlte sich total erschöpft. Vielleicht hatte er sich übernommen, dachten wir. Wir sagten ihm, er solle sich hinlegen. Werner machte ihm heißen Tee und gab noch zwei Vitamin-Brausetabletten hinzu. Abends hatte sich sein Zustand noch nicht gebessert, die kalte Luft kratzte hörbar an seinen Lungen. Der letzte Schimmer von Tageslicht verglomm rosa- und perlmuttglühend im tief hängenden, schneeträchtigen Himmel.

In der folgenden Nacht verschlechtert sich Peters Zustand rapide, er fiebert, stöhnt, phantasiert. Gert kümmert sich fortwährend um ihn. Am Morgen ist sein Gesicht grau wie schmutziger Schnee, er kann sich kaum bewegen, spuckt grünen Schleim und Blut, alle Anzeichen sprechen für eine Lungenentzündung. Jeder Atemzug scheint mühsam über eiserne, scheppernde Treppengänge zu seinen Lungen hinab- und wieder hinaufsteigen zu müssen. Inzwischen klagt er auch über Schmerzen im hinteren Rippenbereich, was auf eine zusätzliche Rippenfellentzündung hindeutet. Eines ist klar: Peter muss schnellstens hinunter ins Basislager. Wir helfen ihm, sich aufzurichten, es fällt ihm schwer. Zuerst denken wir, dass einer von uns mit ihm an der Seilwinde hinuntergeht, doch das Gelände ist in direkter Falllinie schwierig, hat senkrechte Abbrüche und ist zum Teil mit Felsen durchsetzt. Zudem könnte die Randkluft Probleme schaffen. Da wir kein zweites Funkgerät haben, um den Mann an der Winde zu dirigieren, wäre dies mit einem derart Geschwächten einfach zu gefährlich. Schließlich beschließen wir, dass ich ihn über die Aufstiegsroute hinunterbringe.

Das Gewicht eines Menschen lässt sich in dieser Höhe nicht mehr tragen, sonst hätte ich ihn mir auf den Rücken gebunden und uns über einen Karabiner an den Sicherungsseilen abgeseilt. Ich binde mir Peter also vor die Brust. Im Schnee und Eis geht es gut, doch an den Felsen muss ich ihn von diesen wegdrücken. Anfangs kann er noch etwas mithelfen, doch

seine Kräfte schwinden mehr und mehr, und schließlich hängt er nur noch wie ein Sack an mir. Alle fünf, sechs Meter ringe ich nach Atem. Das Keuch- und Stöhnkonzert von uns beiden kann sich hören lassen. Meine Lunge schmerzt, als wäre ich selbst der Patient. Doch Meter um Meter arbeiten wir uns abwärts. Mittags erreichen wir Lager II, der arme Peter ist halb tot. Inzwischen sind aus Lager I schon Medikamente angekommen. Wir geben ihm eine hohe Dosis Penicillin, Dicodid gegen seinen quälenden Husten und auch das Aufputschmittel Pervitin. Günter Kroh, Elmar Raab und einige Hochträger bringen ihn dann ins nächste Lager. Abends befindet sich Peter in den fachgerechten Händen von Herrligkoffer. Ich zockele wie nach einem Marathon ins Windenlager zurück.
Auch Peter Scholz und Gerhard Baur sind inzwischen zu Lager III aufgestiegen, obwohl es inzwischen erneut angefangen hat zu schneien. Wieder kündigt sich eine ruppige Nacht an.
Am nächsten Morgen steigen Reinhold, Günther und Felix ins Basislager ab. Wir anderen wollen noch einen Tag abwarten. Peter und Gerhard Baur tragen zwei Mal Lasten zu Lager III. Wir vom Windenlager kurbeln zwei Ladungen hoch. Schnee, Schnee, Schnee, wir ersticken in Schnee!
Tags darauf, am 14. Juni, steigt schließlich die gesamte Mannschaft zum Hauptlager ab. Die Stimmung ist recht gedrückt. Max, das Herz und Rückgrat des Basislagers, empfängt jeden mit der für ihn typischen weit ausladenden Gestik, die von ganzem Herzen kommt. Im Vergleich zu Max wirkt der Rest der Basislager-Crew wie ausgepresste Zitronen.

Frust im Basislager

Die ersten Tage im Hauptlager regnete es ohne Unterlass. Zuerst tat die erzwungene Ruhe allen gut, wir schliefen, lasen, schrieben Briefe, redeten vergeblich das gute Wetter herbei, diskutierten in kleinen Grüppchen oder alle gemeinsam im großen Hauszelt. Reinhold schwärmte in vertraulichem Kreis auch wieder von der Überschreitung des Nanga Parbat und zeigte auf einem Foto von der Diamirseite, das er von zu Hause mitgebracht hatte, abermals die mögliche Abstiegsroute.

Herrligkoffer hustete auffallend stark. Peter Vogler lag noch ziemlich angeschlagen im Zelt, der Verdacht auf Lungen- und Rippenfellentzündung hatte sich bestätigt. Es war gut, dass er so schnell behandelt wurde. Sein Zustand zwang ihn noch zu bedächtigen, sparsamen Bewegungen, die er mit tapferem, aber auch müdem Lächeln zu überspielen versuchte.

Peter Vogler

Peter Vogler, klein und breitschultrig, war ein äußerst zäher Bursche. Seine Augen hatten das helle, frohe Leuchten der Kindheit noch nicht verloren. Wir erlebten ihn als unkomplizierten, heiteren Menschen, der sich mit einem Lächeln durchs Leben spielte. Er tat alles für die Mannschaft, vielleicht fehlte es ihm damals noch an Reife, um sich in deren Hierarchie besser durchzusetzen. Er lebt heute mit seiner Frau und zwei Kindern im Allgäu.

Peter wird im nächsten Leben als Vierter zu den drei Musketieren stoßen – einer für alle, alle für einen!

Als der Regen endlich aufhört, der Wind sich legt und das Tageslicht wieder an Reiz gewinnt, werden einige der Mannschaft schon wieder unruhig. Um in die Wand einzusteigen, ist es noch zu früh. Den Messners und Max von Kienlin gelingt die Erstbesteigung des nahen Heran-Peak, ein Teil der Mannschaft besteigt andere Gipfel auf dem Rupalkamm, der sich auf der anderen Seite des Tals entlangzieht. Von dort

90

haben sie einen phantastischen Blick auf die gegenüberliegende Rupalwand.

Ich brauche keinen weiteren Berg, da setze ich mich lieber an einen Felsen, schaue den weidenden Rindern zu und frage mich, was wohl so ein Rindvieh den lieben langen Tag denkt. Auch ihr Großhirn ist doch sicher ruhelos!

Außerdem unterhalte ich mich gerne mit den Hochträgern. Sepp, der etwas Englisch spricht, übersetzt. Allah mag wissen, was er denen erzählt, denn er übersetzt immer fünf Minuten, wenn ich eine gesprochen habe.

Oder ich lasse mich einfach in Zeitlöcher fallen: daliegen und den Rhythmus der Stille spüren – mal ohne tosenden Wind und hechelnden Atem. Wenn man nicht genügend Grund hat, das Glück bei sich selbst zu finden, läuft man jenem nach, das keine Ruhe hinterlässt, das einen zum Getriebenen macht.

Schon als ich ins Lager zurückkam, habe ich mich mit kaltem Wasser kurz gewaschen. Jetzt nutze ich den ersten trockenen Tag, mich mit heißem Wasser und Seife von oben bis unten abzuschrubben. Viel von meiner Gesichtsbräune läuft den Körper hinunter. Das Waschen kommt einer seelischen Wiedergeburt gleich.

Nur ein großer logistischer Fehler unterläuft mir: Ich hätte zuerst die sudelige, schweißbraune Wäsche waschen sollen und erst dann mich. Umgekehrt ist man kaum mehr fähig, sie auch nur anzufassen. Noch vor drei Tagen klebte sie mir am Körper, als sei ich in ihr geboren worden, und ich fühlte mich sauber und sauwohl. Jetzt reibe ich sie mit zähneknirschender Märtyrer-Entschlossenheit und wringe eine braune Soße aus. Erst nach etlichen Stunden hängt sie auf einem gespannten Bergseil zum Trocknen und ist wieder bunt wie ein Orientteppich.

Jürgen Winkler rotiert. Er soll 400 verschiedene Werbeaufnahmen von Kartoffelbrei, Meerrettich, Socken, Zipfelmützen, Bandagen usw. machen. Herrligkoffer ist eifersüchtig darum bemüht, dass ihm gewisse Delikatessen nicht abhanden kommen. Wir von der Mannschaft dagegen versuchen, dem Jürgen zu entkommen. Einmal werden wir Zeuge, wie er jenen mit Argusaugen behüteten Gourmet-Kram dem Leader vor die Krankenstatt wirft, anstatt ihm Blumen in die Vase zu stellen. Zu dem überschwänglichen Ausbruch kam es, weil Jürgen eine Apfelmusdose bildgerecht postierte. Dann drehte er sich um und widmete sich der Technik seiner Kamera. Als er sich wieder dem Dosen-Stillleben zuwandte, stand die Dose geöffnet und leer vor ihm.

Herrligkoffer schrieb ständig Pläne für den Gipfelsturm. Leider war er in der frustrierenden Position eincs guten Schachspielers, der nicht mitspielen durfte und deshalb die Züge nicht voraussagen konnte. Er wusste natürlich nie, was genau sich oben abspielte. Er hatte von der Physik das Bild übernommen: Eine Ursache hat eine Wirkung. Dieser einfache Satz hat aber in solchen Höhen seine Gültigkeit verloren. Die Dinge haben hier oft mehrere Ursachen, die, wenn sie zusammenwirken, etwas auslösen, das man gar nicht vorhersehen kann. Wenn im Schachspiel ein Springer zum Zug kommt, braucht sich der Spieler keine Gedanken zu machen, dass das Pferd plötzlich eine Halsentzündung bekommen könnte und deshalb nicht springen kann. Am Berg aber schon.
Eines Nachmittags wurde ich unfreiwilliger Zeuge einer solchen »Gipfel-Konferenz« zwischen Herrligkoffer und Michl Anderl. Da wurden Namen hierhin und dahin verschoben, Für und Wider abgewogen, persönliche Vorurteile und richtige Einschätzungen geäußert, Leute gegeneinander ausgespielt, dann wieder harmonisch zusammengesetzt, eben diese herrlichen Planspiele, die man nachher allesamt in den Papierkorb werfen kann, weil das Pferd zu husten anfängt. Und doch war es schön, dem zuzuhören, sich als Bauer auf dem Brett wiederzuerkennen. Ich saß gemütlich gegen eine Tonne gelehnt und stieß genüsslich mit der Feile meines Nagelklippers in die Sprechblasen.

Herrligkoffers Zustand verschlechterte sich, er bekam Fieber und musste letztlich bei sich selbst Lungenentzündung diagnostizieren. Alice von Hobe, die Apothekerin ist und der gewisse medizinisch-wissenschaftliche Untersuchungen unterlagen, war nun reichlich gefordert. Einerseits hatte sie die fiebrigen Patienten, andererseits musste sie Tests bei uns Bergsteigern durchführen. Sie testete Atemfrequenz und -volumen, scheuchte uns durch diverse Leistungstests, fertigte Blutbilder an und jeder von uns wurde von ihr mehrfach ans EKG gehängt. Ich hätte mir ja liebend gerne jenes EKG-Diagramm eingerahmt, bevor und nachdem ich den Brief des Flötenmädchens gelesen hatte, jetzt konnte sich nur ein unbedeutender Durchschnittswert ergeben.

»Alice im Hunzaland« war ein guter Kumpel. Sie zeigte stets vollen Einsatz, scheute keine Arbeit, half, wo es ging, und entpuppte sich auch als zähe Bergsteigerin.

Ein herzliches, tiefer gehendes Verhältnis entstand aber zwischen ihr und der Mannschaft nicht. Zu einem gewissen Bruch führte vielleicht die Bikini-Geschichte.

Alice legte sich im Bikini unten an den Fluss zum Bräunen, das war für pakistanische Verhältnisse so etwas

Alice von Hobe

wie Pornografie. Prompt beäugte sie ein Hirte von der anderen Flussseite aus einem Busch heraus. Alice bemerkte es, zog sich sofort an und lief wütend zu Captain Saqi. Der demonstrierte erwartungsgemäß seine Autorität, sandte alle Hochträger aus und ließ den Hirten ins Lager bringen. Im Gemeinschaftszelt der Träger peitschten sie ihn aus. Keuchen, das dumpfe Klatschen von Schlägen auf nackter Haut, Stöhnen. Der Mann schlich auf Knien aus dem Basislager. Wir waren alle äußerst schockiert über diesen schrecklichen Vorfall, besonders Alice war völlig aus dem Häuschen, solch drakonische Strafe war nun doch nicht in ihrem Sinne.

Vielleicht lag das wenig herzliche Verhältnis aber auch daran, dass die Basislager- und die Bergsteiger-Crew nicht die gleiche Luft atmeten und Alice sich für eine der beiden Seiten entscheiden musste – und sie entschied sich für die für sie richtige. Sie war unter anderem die medizinisch-technische Assistentin von Herrligkoffer, dabei hatte sie es mit Karl sicher nicht leicht.

Über Alices Wesen hatte sich schon viel zu früh die Patina des Mittelalters gelegt, sie war für uns schon fast gotisch, wir Bergsteiger dagegen fühlten uns ganz dem Jugendstil zugehörig. Sie hätte keinen von uns geheiratet, keiner von uns hätte sie geheiratet, aber schade war es doch, dass wir fast als Fremde wieder voneinander schieden.

Im nächsten Leben wird Alice als Aloe-Liliengewächs auf der Hochweide Tap stehen. Im letzten Blütenstand wird sie dann ein heilkundiger Hirte mitnehmen und aus ihr einen Salbenextrakt herstellen, der regenerierend, aber auch narbenbildend auf die Haut wirkt.

Zurück in die Wand

Am Abend des 18. Juni ist es endlich wieder so weit: Der Wetterbericht klingt viel versprechend – und der Berg ruft! Wie der Rest in einer Sanduhr schneller hinwegzurieseln scheint, so kam uns die letzte Zeit vor dem Aufbruch zum zweiten Besteigungsversuch vor. Allen war klar: Jetzt oder nie! Noch immer brannte das Feuer, bei einigen mehr, bei anderen weniger. Jetzt fuhr ein frischer Wind in die Glut. Aber nicht alle konnten gleichzeitig aufbrechen, so viele Zelte würde es im unteren Wandbereich nicht geben.

Werner Haim, Elmar Raab, die Brüder Messner und zwölf Hochträger brechen gleich nach dem Wetterbericht zu Lager I auf. Um 1 Uhr morgens versuchen sie auch noch zu Lager II zu kommen, bleiben aber in den Neuschneemassen stecken, die für die Träger zu gefährlich geworden sind. Die schweren Rucksäcke hängen sie in die Sicherungsseile und steigen wieder zu Lager I ab. In der nächsten Nacht erfolgt ein neuer Versuch. Drei der Rucksäcke fehlen: Eine Lawine hat sie weggerissen, nur noch die Ringe hängen im Seil. Die Träger sind deshalb sehr verunsichert. Die vier Kameraden tun, als wäre das die normalste Sache der Welt. Wenn jetzt die Träger streiken, dann können wir gleich heimreisen.

Am frühen Morgen war dann die erste Gruppe auf Lager II, das vollkommen verschüttet war. Doch bald standen die Zelte wieder und es war Ordnung geschaffen. Am Abend stiegen Kuen, Kroh und Baur zum Lager I auf und gingen nach Mitternacht weiter zu Lager II. Kroh blieb zunächst dort, die anderen stiegen weiter bis Lager III. Am selben Tag stiegen Gert Mändl, Peter Scholz und ich vom Basislager bis zum Windenlager durch, wo bereits Werner Haim auf uns wartete. Peter stieg später noch die 100 Meter zu Lager III hoch. Alle Lager waren verschüttet und mussten mühsam wieder ausgegraben werden.

Noch auf dem Weg zu Lager II, in einem steilen Eisfeld nach den Wieland-Felsen, ereignete sich ein Unfall. Etwa 100 Meter über uns gingen sechs Träger. Schwierige Kletterpassagen waren bereits mit Fixseilen entschärft, so dass sich die Träger mit Karabinern in die Seile einhängen konnten, um einen eventuellen Sturz abfangen zu können. Natürlich gab es auch wieder längere ungesicherte Passagen und jeder war ganz auf sein eigenes Können angewiesen. Das Gelände war sehr steil, der Schnee hatte zu dieser Zeit noch nicht aufgefirnt und war deshalb noch hart. Für die meisten Träger war die Leistungsgrenze erreicht, weshalb sie nur sehr langsam vorankamen.

Ich lehne gerade tief gebückt auf dem Eispickel und verschnaufe, als mich ein lautes Rufen von oben aufschreckt. Da sehe ich einen der Träger den Hang herunterschießen, er überschlägt und dreht sich und macht keine Anzeichen die Fahrt abzubremsen. Aus einem Reflex heraus, alle Vorsicht außer Acht lassend, laufe ich in seine Falllinie. Nur ein Gedanke schießt mir durch den Kopf: Wie bekomme ich ihn zu fassen, ohne mich an seinen Steigeisen zu verletzen? Mit einem Hechtsprung erreiche ich ihn, auch er greift nach mir, und so habe ich wieder beide Hände frei. Ich ramme die Eispickelspitze in den knochigen Schnee, dann sehe ich nichts mehr, eine Schneefontäne stäubt hoch, ich spüre nur noch den kaum auszuhaltenden Druck auf meine Arme. Mit den Steigeisen versuche ich zusätzlich zu bremsen, habe aber Angst, mich dadurch mit dem Kopf hangabwärts zu drehen. Ich merke nicht, ob wir langsamer werden, doch plötzlich hat die Fahrt ein Ende. Während der folgenden Minuten fürchte ich, dass meine Lungen bersten und ich bin knapp davor, mich zu übergeben. Gut 150 Meter sind wir geschliddert, nur noch einen Schneeballwurf weiter, und wir wären über einen senkrechten Abbruch gestürzt. »Mein lieber Scholli!«, ist das Erste, was ich heraushechle.

Der Träger war Raffi, der nach diesem Vorfall völlig unter Schock stand, nicht wusste, wo oben und unten, rechts oder links war und ob er überhaupt noch in diesem Leben weilte oder schon im anderen, wo 17 Jungfrauen auf ihn warten würden. Als er die Abbruchkante sah, deren unmittelbare Nähe er zuerst gar nicht bemerkt hatte, war dieser Moment für ihn offenbar wie eine Wiedergeburt, und in fast hysterischer Weise fing er an zu beten.

Raffi hatte seinen Eispickel verloren, der einige hundert Tiefenmeter weiter unten lag. Peter Scholz stieg zu uns herunter, wir nahmen Raffi ans Seil. »Sindabad, Sindabad«, riefen die Träger immer und immer wieder und klopften uns die Federn aus den Daunenjacken. Mir taten die Lungen so weh, dass ich den Rucksack deponierte und langsam wie eine Schnecke zum Lager II hochstieg. Nach dieser Rettung war von den Trägern zu mir so etwas wie ein unsichtbares Band geknüpft, dessen ich erst inne wurde, als ich wieder ins Basislager kam. So schnell kann es uns Menschen aus unserem kleinen Dasein fegen!

Prost Werner

Gert ist ein begnadeter Hobbykoch, ein wahrer Alchimist, der eine Dose mit Eintopf öffnet und Goldklöße serviert, da kann keiner mithalten. Wir anderen Bergsteiger sind dagegen Geschmacksasketen, wir bewerten das Essen eher nach Fülle und Wärmegrad.

Auf der vorausgegangenen Expedition in den peruanischen Anden waren wir lauter arme Schlucker. Wir ernährten uns fast ausschließlich von Haferflocken und so genanntem Astronauten-Kunstfleisch aus Sojabohnen – wir waren die Versuchsesser der Firma, die uns das Kunstfleisch gespendet hatte. Die Zusammenstellung war grausam. Heute glaube ich, dass wir nur deshalb am Berg so erfolgreich waren, weil wir das Basislager-Essen meiden wollten.

Kurz vor der Abreise zum Nanga Parbat zeigte ich einmal im weiteren Freundeskreis die Fotos aus Südamerika. Ein etwas zur Fülle und zum ästhetischen Genuss neigender Herr schnürte es beim Bild unseres Kochtopfinhalts den Hals zu. Wie sich herausstellte, war es Herr Scheck vom gleichnamigen Sporthaus in München. Er war 1962 als Expeditionsgast bei Herrligkoffer mit im Basislager, als der Nanga Parbat erfolgreich über den Westabsturz durch Toni Kinshofer, Anderl Mannhardt und Sigi Löw bestiegen wurde. Sigi Löw verunglückte damals beim Abstieg tödlich, und unsere Nanga-Parbat-Expedition war namentlich ihm gewidmet.

Reichlich abwertend fragte mich damals Herr Scheck: »Du bist wohl auch so einer?« Mehr zu sagen enthielt er sich. Ja, ich war auch so einer, wir waren bis auf Gert alle solche Asketen im Sinne des griechischen Wortes »askesis«: Leute, die sich üben, vielleicht auch kasteien für ein bestimmtes Ziel. Nicht dass wir Genüsse verweigerten, aber wir wollten uns auch nicht von ihnen beherrschen lassen.

Und so zogen wir uns nach Gerts köstlichem Mahl in unsere wärmenden Schlafsäcke zurück. Ich teilte ein Zelt mit Werner. Mein lieber Zeltnachbar nestelte im Schlafsack und brachte eine Aluflasche mit der Aufschrift »Benzin/Werner« hervor. Der Schalk war ihm vom Kinn über die rot durchäderte Nase bis zum Scheitel ins Gesicht geschrieben. »Trink, das ist Sechsämtertropfen-Kräuterschnaps!« Zunächst trank ich, dann Werner und dann wieder ich, und so ging es weiter. Mit zunehmender Fröhlichkeit ließen wir Meisterkoch Gert hochleben, der aber grunzte im Nachbarzelt nur Bodenständiges. Immer mehr Kellergeister tanzten um uns herum, sie trugen alle Werners Nase.

Werner war im Gegensatz zu mir hochtrainiert, für ihn blieb Magenbitter ein Magenbitter, bei mir war es Hirnbitter. »Komm«, sagte Werner mit einem schadenfrohen, faunischen Ausdruck, »lass uns den Alkoholiker, auch wenn er noch so verhuscht und verschüttet in dir schlummert, ein wenig freilegen. In dieser Höhe braucht der Mensch viel Flüssigkeit.« Prost! Euphorisch sangen wir auf unseren phantastischen Koch ein Trinklied: »Liebster Schroll, bist ein Troll, gell das Moll, tut dir woll.« Wir wendeten unsere kleine Welt hin und her, verbesserten sie, zerlegten sie wieder und brachten sie dann nicht mehr zusammen. Wir lachten uns schief über die Feststellung, dass nur die Gattung Schluckspechte so hoch fliegen könne. Von diesem Glücksgefühl getragen, vergaßen wir für einen Moment die Zeit und den Ort, an dem wir uns befanden, und wir spürten auch die kalten Füße nicht mehr, die Seilwinde war ebenfalls weit entrückt, und überhaupt meinten wir, hier genau im Zentrum des Universums zu kampieren – was uns Gert nicht glauben wollte, weil halt seine Wahrnehmung verzerrt war.

Leider besteht ein solches Gefühl nur aus kurzen Glücksmomenten. Bei mir verwandelten sich die Kräutergeister schnell in feindliche Dämonen, mir wurde furchtbar elend, mit knapper Not bekam ich gerade noch den Zeltreißverschluss auf. Alle Mühen Gerts waren umsonst gewesen! Schrecklich, wenn der Kopf eine Nacht lang Walzer tanzt, man in der Ecke sitzt und nicht aufgefordert wird.

Um 7 Uhr rüttelte mich Werner: »Aufstehen, die Seilwinde ruft!« Es war keine triumphale Wiedergeburt, ich fühlte mich schlapp, lethargisch und furchtbar hungrig.

Das menschliche Gehirn besitzt weit mehr als tausend Millionen Zellen. Ich hatte gerade zehn Millionen verloren. Der Weg zur Seilwinde kam mir vor wie ein kalter Montag, an dem man sich verkatert zur Arbeit begibt, die man hasst. Dieser Rausch auf 5.900 m war der schlimmste meines Lebens, seither bin ich vom Alkohol geheilt.

Mit Werner Haim das Zelt zu teilen, ist eine Freude. Er ist einfach immer guter Stimmung, selbst wenn er schimpft und aus den Ohren raucht. Von Natur aus ist er mit dem wundervollen Instrument des Humors und der Gabe, lustig zu sein, ausgerüstet.

Im Leben lacht man gewöhnlich viel auf Kosten anderer. Bei Werner spürt man dagegen, dass er am herzlichsten über eigene Fehler, Absurditäten und Borniertheiten lacht, und das

Werner Haim

sollte ihm Jahre später nach einem schweren Schicksalsschlag auch eine große Hilfe werden, zum Leben zurückzufinden.

Werner kommt aus Innsbruck, hat zwei Kinder und arbeitete wie Felix Kuen als Heeresbergführer. Beide hatten viele Jahre eine Seilschaft gebildet, und so ungewöhnlich es klingt: Nur durch ihre extreme Unterschiedlichkeit funktionierten sie als Team. Werner kennt sie alle, die großen Wände. Seine spektakulärste Tour, zusammen mit Felix und zwei anderen, war wohl die Erstbesteigung der Nordwand des Zuckerhuts in Rio de Janeiro. Acht Tage und sieben Nächte hingen sie dabei in senkrechter und überhängender Wand.

Vom tropischen Rio de Janeiro zurück zur eisigen Rupalwand. Ein kleiner Auszug hochgeistiger Konversation im Windenlager während des großen Schneefalls:

»Au, du erdrückst mich.«

»Nimm du gefälligst deinen Ellbogen aus meinem Magen.«

»Sag mal, könntest du deine Lüfte nicht draußen ablassen?«

»Dann leg du dich nicht auf mich drauf, dann kommt mir auch keiner aus.«

Es mag nicht so klingen, aber die Stimmung ist bestens, mit Werner muss die Stimmung gut sein, dafür bürgt schon seine Schnapsnase – er führt sie natürlich auf eine Erfrierung zurück.

Viele Jahre später sitzt Werner im Rollstuhl, schwerleibig, von der Achsel abwärts total bewegungslos, die Füße wie Melonen angeschwollen. Er kann keinerlei Sport mehr treiben, die kleinste Verletzung heilt über Wochen nicht aus.

Was war passiert? Wie den Vater reizte auch den Sohn, der ebenfalls Werner heißt, das Außergewöhnliche. Der wurde erfolgreicher Skispringer: Sechsmaliger österreichischer Meister und zweifacher Junioren-Weltmeister. Werner versprach: Wenn der Junior zum zweiten Mal Weltmeister wird, spendet er eine Messingkassette für das Gipfelbuch auf einem Karwendel-Berg. Und tatsächlich holte der Sohn den Titel. Werner hielt sein Versprechen, kletterte mit einem Bekannten auf einer mittelschweren Route zum Gipfel, auf dem Rücken, im weichen Kletterrucksack, die Messingkassette.

Der Fels im Karwendel ist brüchig. Ein Block bricht aus, Werner stürzt, schlägt nirgends auf, doch dann pendelt er, am straffen Seil hängend, mit dem Rücken zurück zur Wand. Der Fels ... die Kassette ... das Rückgrat ... »Als ob dir die Füße einschlafen«, erzählte er mir später.

Das Lebensgefüge geriet in Turbulenzen. Jetzt galt es, einen viel schwierigeren Berg zu überwinden, als dies seinerzeit der Nanga Parbat über die Rupalwand je hätte sein können. Es ging darum, ein neues Lebensarrangement zu finden und mit Einschränkungen und Verlusterlebnissen aktiv umzugehen. Werner hat es geschafft, wie es wohl sonst keiner von der Mannschaft geschafft hätte.

Wenn ich Werner heute sehe, gewinnen die Bilder der Erinnerung an die Zeit im Windenlager scharfe Konturen und wimmeln von Details und ich werde sehr traurig. Dann ist es wieder Werner mit seinem nie versiegenden Humor und seinem verschmitzten Gesicht, der mich auffängt.

21. Juni 1970. Wir haben nun genau die gleiche Ausgangsposition wie am 4. Juni, auch der erneute Schneefall und der Sturm passen ins Bild. Wir arbeiten, kommen aber keinen Meter höher. Radio Peshawar scheint seine Wetterprognose nicht für unseren Berg zu erstellen. Peter Vogler meldet sich von Lager I zurück – von den Toten auferstanden! Herrligkoffer scheint es sehr schlecht zu gehen, 40 Grad Fieber.

Die Nacht ist recht erholsam, keine wilden Alkoholexzesse mehr, und jeder muss nur einmal aus dem warmen Schlafsack. Mittags melden sich Hermann Kühn und Günter Kroh »zu Besuch« an. Gert bäckt nicht gerade einen Kuchen, kocht aber für die »Gäste«. Hermann und Günter reparieren die Seilversicherung, die durch den Sturm und die Lawinen nicht mehr ausreichend sicher ist.

Am Abend reißen die Wolken endlich auf. Der Mensch lebt von der Hoffnung!

Noch eine Chance

Felix und Peter brachen als Erste von Lager III auf, eine Stunde später dann die Brüder Messner und Gerhard Baur. Auf blaugrünem Eis stiegen sie das Welzenbach-Eisfeld hoch, bei dieser Steilheit, die einen zwischen den Beinen direkt ins Tal blicken lässt, hält sich kein Schnee. Im anschließenden Couloir waren Versicherungsseile teils zerfetzt oder fehlten ganz. Am Überhang des Gletschers befand sich keine Strickleiter mehr, sie wurde aber glücklicherweise bald eine Seillänge weiter entfernt gefunden. Wieder musste der Überhang am alten Seil mit Jümar-Bügeln genommen werden, diesmal meisterte Reinhold die Hürde, während Gerhard ihn filmte.

Gerhard Baur

Gerhard Baur ist ein hervorragender Bergsteiger und ein beeindruckender Mensch. Stets bleibt er sachlich, ruhig und in jeder Weise methodisch denkend und handelnd.

Er bringt damit die besten Voraussetzungen für einen Dokumentarfilmer mit, und für diese seine Fähigkeiten sprechen auch die vielen internationalen Auszeichnungen seiner Filme. So wurde ihm im Mai 2002 in Trient für sein Gesamtwerk der »Große Preis der Internationalen Allianz für Bergfilme« verliehen. Mit seiner Frau Margret, einer ausgezeichneten Kletterin, und den drei Kindern lebt er heute auf einem großen ehemaligen Bauernhof im Allgäu.

Gerhard zieht es immer wieder unter überhängende Felsdächer. Vielleicht wird er im nächsten Leben als Fledermaus geboren? Als Mensch analysiert er das Leben aufrecht mit beiden Füßen auf der Erde und mit dem Kopf nach oben, beim Filmen jedoch werden seine Sehnsüchte nach frei schwebenden Momenten und luftigen Höhen offenbar. Als Fledermaus kann er das Leben dann aus der anderen Perspektive ausloten.

Der alte Lagerplatz von vor zwei Jahren stand nicht weit oberhalb des Überhangs. Es war erst 9.15 Uhr und Felix und Peter begannen, nach ihm zu suchen, denn dort sollten sich noch ein Zelt und zwei Luftmatratzen befinden. Wieder fing es an zu schneien und die Sicht wurde miserabel. Die Brüder Messner stiegen 100 Höhenmeter weiter, jeder Schritt beugte sie jetzt mehr zu Boden. Das Zelt errichteten sie vorläufig in einer Randspalte.

Felix und Peter schaufelten bis zum Abend, konnten aber das alte Lager nicht finden. Felix war durch die harte Arbeit ziemlich erschöpft. Es stand ihnen nun eine harte Nacht in einem provisorischen Biwakzelt ohne Bodenunterlage bevor. Im Biwak stellte sich dann noch heraus, dass der Kocher streikte. Sie konnten nichts Warmes essen und nichts trinken.

Während sich die zwei Seilschaften nach Lager IV hocharbeiteten, kam für uns im Windenlager die Ablösung. Michl Anderl und Wolf Bitterling übernahmen das Ruder. Hermann Kühn stieß zu uns in Lager III.

24. Juni 1970. Im geschützten Lager III, dem »Eisdom«, ist die Wand stumm geworden, nur wenig Eis- und Felsschlag ist zu hören. Um 1 Uhr klingelt der Wecker. Die Zeltwände sind eisgepanzert, es muss sehr kalt sein. Draußen empfängt uns eine kalte, wilde Nacht mit scharfem Wind, fliegenden Nebelschwaden und Wolken. Zuerst grundloser Neuschnee. Die Wand liegt in Eisesstarre, ist brüchig wie Glas. Hermann bleibt weit zurück, geht aber stetig. Danach kombiniertes Gelände: Nirgendwo sonst wird das Zusammenspiel von Körper und Geist so gefordert, wird einem mehr an Technik, Körperbeherrschung, Willen und Mut abverlangt. Der Eisüberhang ist zweifelsfrei die Schlüsselstelle der Wand, fordert mehr Kraft als stundenlang nur zu steigen.

Wenig später wecken wir im alten Lager IV Peter und Felix, sie sind Kaltblüter, zeigen kaum eine Regung. Um 7 Uhr rütteln wir ein Stück weiter oben Gerhard, Reinhold und Günther aus den Daunen. »Faule Bande, wir erwarten ein Frühstück!« Schließlich stoßen noch Felix, Peter und Hermann hinzu. Große Beratung: Wo soll das Lager IV endgültig aufgebaut werden? Die Sicht ist inzwischen perfekt, ein besserer Platz nicht zu sehen. Somit wird auf 6.700 m offiziell Lager IV eröffnet. Wir haben ein großes Zelt mitgebracht und helfen noch beim Aufstellen. »Also, servus, morgen um die gleiche Zeit!« Im Abstieg sehen wir Wildgänse über uns dahinziehen, sicher in einer Höhe von über 7.000 m. Sie fliegen keilförmig wie eine römische Legionärs-Kohorte. Was treibt die nur auf diese Höhe, noch dazu bei dieser Kälte?

Peter und Felix finden nachmittags endlich den alten Lagerplatz und schleppen alles die 100 Meter zum neuen hoch.

Exkurs in andere Gefilde

Am Nachmittag des nächsten Tages haben wir schon etwas vorgeschlafen. Danach kümmern sich Hermann und Gert um das Essen, Werner und ich packen für alle die Rucksäcke. So findet jeder seine Aufgabe. Die Stunde vor Sonnenuntergang ist immer die schönste.

Dann sitze ich mit den Gefährten hier oben in der Rupalwand des Nanga Parbat auf dem ausgesetzten Balkon über dieser Welt wie ein Masochist, der sich letztlich doch freut, wenn die Qualen des Tages ein Ende gefunden haben. Im Basislager bricht der Abend herein, die Gipfel erglänzen noch in Gold und Rosa, darunter sind sie aschgrau. Der Blick zum Horizont ist der Ausgleich zur Vertikale der Wand. Aus der Thermosflasche rinnt der Tee heiß die Kehle hinunter. Keiner spricht ein Wort, jeder hängt seinen Gedanken nach. Stets

sehne ich mich nach dieser erleuchteten Genügsamkeit, ich glaube, auch die anderen. Eine geradezu religiöse, bewegende Erfahrung: Man sitzt da und sieht die Welt entschwinden. Ich nenne das: die Stille zum Klingen bringen.
Wir können nicht in die Zukunft sehen – und das ist gut so!

Was mich zu einem kurzen Exkurs in ganz andere Gefilde verleitet, denn ein Jahr später, fast auf den Tag genau, geriet ich mit einem Freund in einem kleinen, selbst gebauten Segelschiff inmitten des Indischen Ozeans in einen Hurrikan, dem wir nur durch hundert Wunder zugleich lebend entkamen. Ich lernte John in Australien in einer kilometertiefen Höhle kennen. John kam von der Salomoninsel Bougainville im Pazifik. Er wollte sich ein Schiff bauen und dorthin zurücksegeln. Ich war natürlich sofort Feuer und Flamme. Die unheimliche Drohung, die aus der Tiefe der Ozeane kommt, faszinierte mich. Wir legten unsere wenigen Ersparnisse zusammen und fingen an, am Strand von Darwin unser »Traumschiff« zu bauen: einen Trimaran, also ein Boot mit Mittelrumpf und zwei Auslegern. Es sollte ein »throw away boat« werden – nach Gebrauch wegwerfen. Das Geld war knapp, so bauten wir es aus fünf Millimeter dickem wasserlöslichen Sperrholz, viel Farbe sollte es imprägnieren. Während des Bootbaus sprachen wir immer weniger von Bougainville, dafür umso mehr von Südafrika, das 10.000 Kilometer entfernt war.
Unser größtes Problem war, dass keiner von uns segeln konnte. Ich war noch nie in meinem Leben auf dem Deck eines Segelboots gestanden. Wir fassten den Plan, zuerst Bali anzusteuern. Sollte es mit der Navigation nicht hinhauen, dann würde es in dieser Region genügend Inseln geben, dass man irgendwo wieder auf Land treffen konnte.
Als wir Darwin verließen, war die halbe Bevölkerung am Strand, denn eine größere Verrücktheit hatte der Ort noch nie erlebt. Tage vorher kauften wir Bücher, John in der Art »Wie

lerne ich segeln?« und ich über Astronavigation und dazu
zehn Kilo Tabellenbücher. Wir dachten uns, auf See hätten wir
genügend Zeit alles zu studieren. Kaum aber lasen wir eine
Seite, da wurden wir grün im Gesicht und die letzte Mahlzeit
drängte nach oben. Zuerst lernten wir, auf welcher Windseite
wir uns zu übergeben hatten. Nach drei Tagen drehte der
Wind und mit ihm das Boot: Wir fuhren wieder zurück. Nach
einer Zeit vergeblichen Manövrierens bargen wir die Segel,
brachten das Boot mit dem Paddel wieder auf Kurs und zogen die Segel hoch. Wenn ich nicht schlief, beschäftigte ich
mich mit dem Sextanten und der Mathematik. Erst Monate
später fand ich heraus, dass ich nach einem vollkommen ver-
alteten System navigierte, nach dem ich noch alle Winkel-
funktionsberechnungen selbst ausrechnen musste. Nach acht
Tagen waren wir nach meinen Berechnungen schon weit über
alle Inseln hinaus, aber wir sahen noch kein Land. Schließlich
begegneten wir einem indonesischen Auslegerkanu und fragten, wo es nach Bali ginge. Die Fischer zeigten in einen ganz
anderen Kurswinkel. Der Wind dorthin wäre ungünstig gewesen, also hielten wir unseren Kurs bei, uns reichte die Information, dass Indonesien noch vor uns und nicht hinter
uns lag. Am nächsten Tag kam Land in Sicht. Kinder mit
Kanus leiteten uns in eine Flussmündung. Mühsam fanden
wir heraus, wo wir gelandet waren: In einem winzigen Fi-
scherort auf Java, fast 150 Seemeilen westlich von Bali.
Nach zehn Tagen stachen wir wieder in See, Kurs voraus lagen
die winzigen Christmas-Inseln. Wir mussten sie erreichen,
denn hinter ihnen kam nur noch der Südpol. Ich glaubte mich
meiner Navigation jetzt sicher, hatte aber dafür bisher noch
keinerlei Bestätigung. Nach etwa zehn Tagen erreichten wir
die Inseln punktgenau.
Zwischendurch hatten wir schon die ersten Stürme erlebt, wir
reiften zu erfahrenen Seemännern. Dann Cocos-Island, dort
fanden wir Wrackteile des deutschen Kreuzers »Emden«. Anschließend vier Wochen nichts als Horizont, schließlich Mau-

ritius. Dort lockte mich schon von See aus der Mount Pieter Both. Durch seine Ostwand legte ich Tage später eine saftige Erstbegehung, hatte danach aber eine Woche Muskelkater. Auf Réunion trafen wir auf ein anderes Segelschiff mit einem amerikanischen Pärchen, drei Kindern und einem jungen Segelmacher aus Neuseeland. Sie hatten eine tolle 16-Meter-Segelyacht aus Stahlbeton mit zwei Masten.

Von meiner Mutter lag ein Brief beim Hafenmeister. Sie schrieb: »Lieber Hans, ich habe schreckliche Angst um euch zwei, doch ich baue auf Dein Glück. Habe mir gleich aus der Bücherei Informationen über die Seefahrt geholt. Passt mir ganz besonders gut zwischen Réunion und Madagaskar auf, dort ist das Wasser fast 10.000 Meter tief.« Ich schrieb ihr zurück, sie brauche sich keine Sorgen zu machen, wir würden ihren Rat befolgen und dort ganz besonders gut aufpassen.

Die Amerikaner segelten einen Tag vor uns ab. Nach fünf Tagen kamen sie in einen Hurrikan, gerieten in Seenot, funkten SOS und gaben durch, auch nach uns zu suchen. Wir hatten kein Radio, segelten wie Kolumbus. Ein großes Kielboot hat in einem solchen Sturm eine gewisse Überlebenschance, ein kleiner Trimaran so gut wie keine.

Der Himmel stürzte auf uns herunter. Die See erhob sich in den Himmel, der Himmel wurde zur See. Das Tosen betäubte alle Sinne. Ein Krachen, der Mast brach und durchschlug den Ausleger. Ich sicherte John, er kappte die Mastverspannung, damit der Mast uns nicht noch den Mittelrumpf durchbohrte. Mehrmals stellte sich das Boot 90 Grad auf, kippte aber immer wieder auf die richtige Seite. Längst drang Wasser durch den mürben Rumpf. Wir wagten es nicht einmal, uns gegen die Bordwände zu lehnen, um sie nicht durchzubrechen. Irgendwann legte sich der Wind, doch die haushohen Wellen blieben noch tagelang.

Das Boot leckte immer schlimmer, oft reichte uns das Wasser bis an die Knie. Sieben Tage pumpten und schöpften wir Tag und Nacht, pumpten ums liebe Leben, mit schwindender

Seelenkraft. Am Nanga Parbat habe ich kein einziges Mal so gefroren wie dort eine ganze Woche lang. Nur noch drei Meter Mast blieben uns, um bis nach Südafrika zu kommen. Irgendwann kündigten die Wolken das Festland an, irgendwann sahen wir den Küstenstreifen und irgendwann sah uns auch die Küstenwache auf dem Radarschirm. Wir waren mehr tot als lebendig, als sie uns durch den langen, schlauchartigen Naturhafen von Durban zogen. Hundert Schiffssirenen hießen uns willkommen, wir weinten wie kleine Kinder.

Das andere Boot blieb für immer verschollen, die drei Erwachsenen und drei Kinder haben ihr Grab in 10.000 Meter Tiefe gefunden.

Ja, die See ist wilder, unberechenbarer als die Berge. Vier Jahre später, kurz nach der Erstbesteigung des Dhaulagiri III im Himalaya, begann ich, ein neues, seetüchtiges Kielboot zu bauen. Achteinhalb Jahre sollte ich damit unterwegs sein. Mein Leben ist aber so eng mit den Bergen verknüpft, dass selbst acht Jahre Seefahrt aus mir keinen Seemann machen konnten, innerlich blieb ich immer Bergsteiger. Jetzt segelte ich halt mit dem Boot zu den Bergen. Es gab kaum ein Land oder eine Insel, vor deren Küste ich nicht ankerte, um dort Berge zu besteigen. Mit der Seefahrt und den Bergen ließen sich Polaritäten ausleben.

Weshalb haben wir damals den Hurrikan überlebt? Für mich gibt es darauf eine ganz einfache Antwort: Nach einem so hohen Berg durfte ich einfach nicht in 10.000 Meter Tiefe begraben liegen, das wäre ein neuer Weltrekord gewesen.

Wer geht zum Gipfel?

Am 26. Juni kurz nach 2 Uhr steigen Felix Kuen und Peter Scholz in das zu dieser Stunde noch blanke Merkl-Eisfeld ein. In ihren Rucksäcken führen sie ein Biwakzelt, 200 Meter

Hilfsseil und ein Dutzend Fels- und Eishaken mit. Die Temperatur liegt etwa bei 25 Grad minus, ihr Atem wölbt sich im Licht der Stirnlampen. Mit den ersten wärmenden Sonnenstrahlen erreichen sie auf 7.350 m einen Felssporn nahe dem Beginn der Merkl-Rinne. Genau bis zu diesem Punkt kam Peter bereits mit der vorausgegangenen Expedition vor zwei Jahren. Der Eishang ist Schwindel erregend steil. Mit den Pickeln schlagen sie eine Plattform aus dem Eis, gerade so groß wie das Zelt. Die Arbeit ist in dieser Höhe äußerst mühsam und zehrt an ihren Kraftreserven. Erst gegen Mittag steht endlich das kleine Klepper-Biwakzelt.

Lager V, dieser letzte Stützpunkt vor dem Gipfel ist eher ein komfortabler Biwakplatz als ein Lager. Es liegt bereits innerhalb der so genannten Todeszone, hier gibt es keine körperliche Regeneration mehr, nur noch Abbau. Reinhold schreibt später: »Nein, schlimmer kann kein Ort der Welt sein. Diese Leere! Was machen wir eigentlich hier?« Dass er dabei mit sehr breitem Pinsel aufträgt, kann man ihm nachsehen, in Wahrheit hat jeder von uns schon weitaus schlimmere Biwakplätze erlebt. Der Platz ist kein Vergnügen, doch auch nicht der Vorhof zur Hölle – dennoch, die Exponiertheit ist tatsächlich Schwindel erregend. Wenn man

Das ausgesetzte Lager V

sich in den Zelteingang setzt, kann man nicht nur die Seele, sondern auch die Füße baumeln lassen. Wer zum Pinkeln geht, nimmt gerne die Seilsicherung eines Kumpels in Anspruch, denn dazu braucht man beide Hände frei, da die Kleidungsschichten meist viel dicker sind als die Länge des Schrumpelmanns, den man darin sucht.

109

Für uns alle, die wir nun regelmäßig auf Lager IV waren, wie Peter Scholz, Felix Kuen, Gert Mändl, die Messners, Werner Haim, Gerhard Baur und mich, kam noch der Gipfel in Frage. Nicht, weil wir konditionsstärker als die anderen Bergsteiger in den unteren Lagern waren, sondern weil sich entweder ihr Organismus nicht so gut an die Höhe anpassen konnte oder sie nicht die Chance bekamen, nach oben vorzurücken. Der springende Punkt beim Höhenbergsteigen ist nun einmal die individuelle Höhenanpassung, und diese lässt sich leider nicht trainieren. Genau deshalb ist das Höhenbergsteigen die härteste Form des Bergsteigens.

Jedenfalls wurde Lager IV zum Ort der konkurrierenden Hoffnungen! Dabei herrschte jedoch zwischen Scholz, Mändl, Haim und mir absolut kein Konkurrenzdenken, sondern es begann vielmehr eine enge, freundschaftliche Zusammenarbeit. Gerhard Baur stand als Kameramann immer eine gesonderte Rolle zu, in der er auch ausnahmslos von allen unterstützt wurde. Zwischen Reinhold und Felix Kuen aber gärte es untergründig, es war geradezu riechbar. Sie hatten ganz offensichtlich wenig Freude am Umgang miteinander.

Bei dieser Schilderung fällt es mir selbst auf, wie wenig Günther mit einbezogen wurde. An der Seite von Reinhold wirkte er oft so, als nähme er einen ganzen Teil seiner Persönlichkeit zurück.

Ständig werden die Karten am Berg neu gemischt. Offizielle Gipfelpläne, die noch vor Wochen oder auch Tagen galten, waren längst hinfällig. Durch die faire Abfolge des wechselweisen Vorsteigens ergab es sich, dass die Messners und Baur die so genannte Merkl-Rinne, die letzte Schwierigkeit zum Gipfel, im unteren Teil mit Seilen versichern sollten.

Das Ganze passte Reinhold natürlich überhaupt nicht. Unvorstellbar, dass Felix, sein Erzrivale, zuerst zum Gipfel gehen könnte! Reinhold hatte anscheinend bereits einen anderen Plan gefasst. In seinem Buch »Der Nackte Berg« schreibt er: »Wenn ein Expeditionsleiter befiehlt, dass ein Mann ... die

Die Rupalwand mit eingezeichneten Lagern

Merkl-Rinne versichert, damit das ausgerastete Gipfelteam über die angebrachten Fixseile zum Gipfel gehen kann, und dieser einfach vorher zum Gipfel geht, kann ihm niemand einen Vorwurf machen.« Messner wäre also offenbar nicht bereit gewesen, für jemanden, der vor ihm zum Gipfel gehen könnte, Sicherungsarbeit zu leisten.

Die gesamte Mannschaft kannte die getroffene Vereinbarung in ihrer Grundstruktur und zunächst griff auch alles wie bei einem Räderwerk ineinander. Jahrzehnte später streitet Reinhold jene Vereinbarung ab, die sich nicht in seine Rechtfertigungsstrategie fügt. Er sagt, er habe nichts gewusst vom Aufstiegsplan mit Kuen und Scholz.

Felix und Peter kamen ausgepumpt von Lager V zum Lager IV zurück. Inzwischen war die Eisflanke aufgeweicht, so dass sie oft bis zu den Knien einbrachen. Danach war klar, dass sie mindestens einen halben Rasttag zur Erholung benötigten.

Nachmittags um 14 Uhr war Funkkontakt mit Herrligkoffer und den anderen Lagern vereinbart. Reinhold saß am Teleport, Scholz, Kuen und Baur in der Nähe. Die Messners und Baur wollten gleich danach zu Lager V aufbrechen. Reinhold schlug vor, dass er, falls das Wetter umschlagen sollte – fern im Süden zeigte sich eine Wolkenfront –, alleine die Merkl-Rinne so weit wie möglich erkunden würde. Herrligkoffer antwortete: »Du sprichst mir aus der Seele!«

Im Lager V wird es kein Funkgerät geben, deshalb wird vereinbart: Ist gutes Wetter zu erwarten, will Herrligkoffer im Basislager eine blaue Leuchtrakete zünden, droht schlechtes, eine rote. Täglich gegen 18 Uhr sendete Radio Peshawar den Spezial-Wetterbericht für unsere Expedition.

Alle drängen wir zum Gipfel, die Zeit in der Sanduhr läuft ab, doch wir haben noch nicht ausreichend Material hier oben, um den Gipfel überhaupt angehen zu können. Noch befindet sich auf Lager IV und V keine Sauerstoffflasche für den Notfall, falls jemand ein Lungen- oder Hirnödem bekommt, auch fehlen weitere Seile, um die Merkl-Rinne ganz abzusichern.

Gert, Werner und ich erklärten uns daraufhin bereit, nochmals nach Lager III zu gehen und von dort Lasten in einem Stück bis Lager V zu tragen, damit die erste Mannschaft, Felix und Peter, zum Gipfel gehen konnte. Keiner glaubte, dass wir das fertig bringen würden, doch wir wussten: Jetzt hing gerade davon alles ab. Auch Peter meldete ernste Zweifel an, ob wir es überhaupt schaffen könnten, das Ganze vor allem noch vor Mitternacht des nächsten Tages. Er spielte mit hohem Einsatz, ging eine sehr leichtsinnige Wette mit mir ein: 1.000 Meter tragen. Ich schuldete ihm zu diesem Zeitpunkt noch 150 Meter. Die Wette galt!

Alleingang

26. Juni, gegen Abend. Alle Lager erfahren über Funk, dass das Wetter gut bleiben soll. Wenig später, als die Messners und Gerhard gerade im oberen Merkl-Eisfeld klettern, sehen sie eine rote Rakete in den Himmel steigen.

Rote Rakete – schlechtes Wetter, blaue Rakete – schönes Wetter, das war die Abmachung. Trotz eines guten Wetterberichts steigt dann eine rote Rakete. Weshalb das? Herrligkoffer hatte eine durchaus plausible Erklärung: Es war ein Versehen! Was sollte er auch damit bezwecken? Er war ja daran interessiert, dass möglichst viele Bergsteiger den Gipfel erreichen; als umso erfolgreicher konnte er dann in der Heimat die Expedition in der Öffentlichkeit präsentieren.

Gerhard Baur sagt später selbst aus, die rote Rakete sei von den Messners und ihm sehr skeptisch aufgenommen worden, zumal die Spezial-Wetternachrichten von Radio Peshawar oft genug ein reines Lotteriespiel waren. Die versehentlich abgeschossene rote Rakete, die ja entgegen den Wetternachrichten schlechtes Wetter signalisierte, lieferte Reinhold jedoch eine Rechtfertigung, noch vor den anderen zum Gipfel zu kom-

men. Er hatte offenbar nicht im Sinn, für eine andere Gipfelmannschaft zu arbeiten, sondern er wollte Sieg und Ruhm
anscheinend für sich alleine, wie sein großes Vorbild Hermann Buhl.

Die Nacht auf Lager V war grausam. Das Zelt bot eigentlich
gerade Platz für zwei. Die Messners mussten die Beine gegen
den Bauch drücken, Gerhard lag eingeringelt am Fußende. Sie
wurden in diesen Stellungen von Muskelkrämpfen geplagt,
ohne sich ausstrecken zu können.

Reinhold stand gegen 2 Uhr auf, er hatte sich bereits am Vorabend so angezogen, dass er für ein nächtliches Biwak ausgerüstet war. In die Anoraktaschen stopfte er nur das Nötigste,
etwas Wegzehrung, Multibionta-Tabletten und Aluminium-
Astronautenfolie, in die man sich bei einem Unfall oder einem Notbiwak einwickeln kann. Eine solche Rettungsdecke
speichert die Wärme besser als ein Biwaksack und ist um vieles leichter, bietet aber auch weniger Bewegungsfreiheit. Dann
marschierte er los. Den leeren Rucksack ließ er zurück.

Günther und Gerhard hatten es nicht so eilig, sie waren froh,
sich etwas strecken zu können. Gerhard ging es nicht sehr gut,
da er schlimme Halsschmerzen hatte.

Bei gutem Licht querten sie später hinüber zur Merkl-Rinne
und stiegen diese hoch, bis sie zur ersten Felsbarriere kamen.
Ab hier wollten sie mit der Seilversicherung beginnen.

So weit das Auge reichte, war keine Wolke zu sehen. Die beiden unterhielten sich darüber, dass bei diesem Wetter sicher
die ganze Mannschaft zum Gipfel drängen werde. Gerhard
sagte: »Wenn heute Felix und Peter hochkommen, muss ich
eine Etage runter, sonst wird's hier eng.« Dieses Detail ist von
Bedeutung, denn Reinhold behauptet später, dass auch Günther nichts von der nachrückenden Gipfelmannschaft wusste
und er und sein Bruder deshalb, als ihre Notsituation eintrat,
keine Hilfe hätten erwarten können. Selbst davon, dass von
einem weiteren Team die Merkl-Rinne versichert werden würde, hätten sie nichts gewusst.

Bereits hier stehen wir vor einem der zahlreichen Widersprüche in Reinholds eigenen Darstellungen. Weshalb sollte Reinhold später nach Hilfe rufen, wenn er nicht mit einer nachsteigenden Mannschaft rechnen konnte? Und weshalb lässt er dann Günther in seinem Buch »Der Nackte Berg« beim Beginn ihres Abstiegs vom Gipfel sagen: »Vielleicht können wir weiter unten, an der Merkl-Scharte, wieder hineinqueren in die Rinne. Sonst müssen wir um ein Seil bitten. Die anderen werden die Rinne versichern.« Auf diese und andere Widersprüche werde ich im Laufe des weiteren Geschehens noch genauer eingehen.

Günther und Gerhard wollten also gerade mit der Versicherung der Merkl-Rinne beginnen, da rutschte das Sicherungsseil von der Kartonrolle und verknotete sich. Die beiden schimpften, denn in dieser Höhe ist jede Bewegung harte Arbeit, erfordert Überwindung. Sich einmal zu bücken, kostet drei Atemzüge. Günther war schon den ganzen Morgen über nervös. »Der Reinhold wird heute sicher auf dem Gipfel stehen ... Los, komm mit!«, forderte er Gerhard auf. »Zwei Mal hat Günther mich bearbeitet, damit ich mit ihm hinter seinem Bruder hersteige«, erzählte Gerhard uns später. »Ich habe es die ganze Zeit gespürt, dass Günther mithalten wollte mit seinem Bruder, bei dieser einmaligen Chance.«

Gerhard Baur wollte nicht mitmachen, er hatte keinen Proviant dabei, keine zusätzliche Kleidung, keinen Biwaksack, keine Rettungsdecke. Dazu noch die schrecklichen Halsschmerzen. Er wusste, dass die Merkl-Rinne nicht vor dem nächsten Tag versichert sein konnte. Er wollte auch nicht die nachfolgende Gipfelmannschaft Felix und Peter hintergehen, die fest damit rechneten, dass der untere Teil der Merkl-Rinne von ihnen versichert wurde.

Es gab also absolut nichts, was dafür sprach, derart unvorbereitet zum Gipfel zu marschieren. Günther aber war verärgert, warf den Seilsalat hin und kletterte los – gegen jede Abmachung. Damit entschied er sich für ein völlig unkalkuliertes und unkalkulierbares Risiko. Noch lange blickte ihm Gerhard Baur mit gemischten Gefühlen nach, bis Günther mit Fels und Eis verschmolz und nicht mehr zu erkennen war. Schneestaub und Eiskörner rieselten in die frische Spur, würden sie bald ganz abdecken. Irgendwo in der Fortsetzung endete Günthers Lebensweg.

Obwohl Reinhold weiß, dass Gerhard den ganzen Ablauf kennt, wird er von ihm in »Der Nackte Berg« als »Komplize« bezeichnet. Er besitzt anscheinend tatsächlich die Unverfrorenheit, davon auszugehen, dass Gerhard Baur auch weiterhin dazu schweigen würde. Er sollte lieber einsehen, wie sehr er gerade bei ihm mit seinen Angriffen zu weit gegangen ist!
Die belanglose Geschichte mit der roten Rakete, die nichts anderes bewirkt hat, als Reinhold das Alibi zu geben, allein auf den Gipfel zu steigen, nahm Reinhold später zum Anlass, den Expeditionsleiter »wegen fahrlässiger Tötung Günther Messners« anzuzeigen. Selbst dem bald nach der Expedition folgenden Buch, in dem er alles drehte und wendete, wie er es gerade brauchte, gibt er den Titel »Die rote Rakete am Nanga Parbat«. Reinhold verlor das absurde Gerichtsverfahren, und sein Buch musste vom Markt genommen werden. Jetzt erst erwachte sein voller Hass, jetzt erst wurde Herrligkoffer sein Erzfeind. Erst mit dem Tod des Expeditionsleiters erlosch dieser Hass, doch dann galt es anscheinend, neue Schuldige zu finden.

Als Reinhold von Lager V loszieht, ist es noch dunkel, vor sich hat er nur den beschränkten Kegelausschnitt der Stirnlampe. Man kann sich seinen Aufstieg etwa so vorstellen: Um ihn her Dunkelheit, Wind, sein keuchender Atem, hin und wieder poltert ein Stein in die Tiefe, den er lostritt. Die Rinne ist sehr eng, die Route eindeutig, somit kann er sich ganz auf das Klettern konzentrieren. Ein Klimmzug, danach fünf Atemzüge, weiter ... Einmal greifen die Frontalzacken der Steigeisen in Eis, ein andermal in Firn, dann wieder ein Balanceakt im Fels. Der kleinste Fehler würde unweigerlich zum Absturz führen, der erst hunderte von Metern tiefer enden würde. Reinhold trägt nur dünne Handschuhe, um sich am Fels halten zu können. Um ihn her nichts als eine eisstarrende Welt, es herrschen vielleicht 25 oder 30 Grad minus, die Finger gefühllos. Wenn es das Gelände erlaubt, klopft er die Hände gegeneinander, um das Blut wieder pulsieren zu lassen.

Das ist alles nichts Unbekanntes für Reinhold, als Extrembergsteiger hat er eine Wahrnehmung, die tiefer reicht als das bewusste Schauen, Denken und Tun – eine Art Instinkt, ja Automatismus, eingeschliffen durch jahrelanges Klettern in schwierigem Fels, Eis und kombiniertem Gelände. Nur die Höhe ist auch für ihn eine neue Erfahrung.

Mit dem Anbrechen des Tageslichts kommt er dann auch zügiger voran, klettert aber vermutlich noch immer Kräfte schonend, denn er ist noch weit von seinem hoch gesteckten Ziel entfernt. Reinhold kann zu diesem Zeitpunkt nicht ahnen, dass sein Bruder Günther am Einstieg in die Merkl-Rinne gerade wütend das verkrangelte Seil zu Boden wirft und ihm völlig unvorbereitet Hals über Kopf nachklettert.

Unsere Extremtour beginnt

Am Abend davor, nach dem Funkgespräch, krochen Peter und Felix im Lager IV gleich wieder in die Schlafsäcke, während die Messners und Gerhard nach Lager V aufstiegen. Wir kochten noch eine gute Stunde Teewasser für die ruhenden Kameraden. Für uns war es gut, noch etwas mit dem Abstieg zu warten, denn dann froren die Eisschrauben und Eishaken wieder fest und wir brauchten nicht ständig in Sorge zu sein, dass sie ausbrechen könnten, was unweigerlich einen verhängnisvollen Sturz nach sich gezogen hätte. Das Temperaturgefälle zwischen sonnenbeschienenem und schattigem Gelände kann am Nanga Parbat innerhalb nur weniger Minuten 30 Grad betragen. Nach einer besonders eisigen sternenklaren Nacht auf Lager III, auf die eine unerträgliche Tageshitze folgte, zeigte mein Thermometer einmal einen Temperaturunterschied von knapp 60 Grad an.

Noch vor Dunkelheit kam das aufsteigende Team auf Lager V an und wir auf Lager III. Hermann Kühn, der am selben Tag auch schon auf Lager IV gewesen war, aber inzwischen ausgeruht hatte, kochte für uns. Hermann ist promovierter Chemiker und somit waren alle Voraussetzungen für eine vorzügliche Mahlzeit gegeben.

Gegen 2 Uhr morgens überfällt mich die Kälte von allen Seiten. Ich wache kurz auf, stecke den Kopf in den Schlafsack, und schnell wärmt mich der eigene Atem wieder auf. Etwa um diese Zeit bricht Reinhold Messner zum Gipfel auf.

Eine Stunde später läutet der Wecker. Die Prozedur ist eingespielt: Die gleiche Anzahl Wäscheschichten übereinander anziehen, den gleichen Pilgergang zur Gletscherspalte, bei Wind den Flugschnee wieder aus der Unterhose klopfen, dann eine Thermosflasche heißen Tee leeren, ein paar Kekse nachschieben, und schon sind wir bereit, uns an unser Tagwerk zu machen. Heute steht uns jedoch ein Mammutprogramm bevor: Mit zwei Kilo mehr an Last, also zehn Kilo, von 5.900 auf 7.300 m zu steigen. Es kam nicht oft vor, dass wir erst bei Tageslicht aufbrachen, doch wir alle hatten Schlaf nachzuholen, und die Nacht war kalt genug, das Eis im äußerst steilen Welzenbach-Eisfeld durchfrieren zu lassen, so dass die Sicherungen halten und auch der Stein- und Eisschlag nicht so rasch einsetzen würde.

Wir sind zu viert, auch Hermann Kühn, unsere beste Stütze, begleitet uns wieder. Jeder Schritt hinterlässt einen scharfen, trockenen Riss in der Stille. Der Frost dringt bis in die Lungen, und beim Ausatmen gefriert die warme Luft noch auf den Lippen. Die Frontalzacken der Steigeisen greifen nur wenige Zentimeter ins Eis, alles Gewicht lastet auf den Waden. Der Blick in die Tiefe ist atemberaubend, doch für uns nun schon Routine. Zehn, fünfzehn Schritte, unbewusst zähle ich mit, dann verschnaufen, die Waden etwas vom Druck entlasten, dann wieder weiter ... weiter ...! Hier spürt man jedes Kilo doppelt auf den Schultern. Mit jedem Schritt wird das anfänglich so starke Ich-Gefühl schwächer, weicht einem unreflektierten Ankämpfen gegen das Versagen der Körperkraft – einer fast schmerzvollen Empfindung, von der allerdings beim Höhenbergsteigen niemand verschont bleibt. Dort, wo Fixseile angebracht sind, schalten wir gewissermaßen auf Autopilot, erledigen das Notwendige rein mechanisch.

Dann kommt der große Eisüberhang: Mit Steigeisen die zehn Meter frei hängende Strickleiter hoch, die Beine extrem abgewinkelt in der labilen Vertikalen, alles Gewicht ausschließlich an den Armen. Der Atem rast, die Lungen schmerzen. Dann endlich wieder Kontakt mit dem Eis. Wer den Eisüberhang hinter sich hat, zieht es vor, danach erst einmal auf allen vieren zu kriechen. Es hat abertausende Jahre gedauert, bis sich der Mensch vom Vierfüßler in den aufrechten Gang erhoben hat – wir schaffen den Rückschritt nach zehn Metern Eisüberhang. Wenn wir noch die Energie und Kraft zur Selbstbesinnung hätten, könnten wir uns im Zeitraffer an den Anfang der Evolution zurückversetzt wähnen. Aber für uns gilt hier nur eines: Weiter!

Endlich bei Lager IV! Sich in den Schnee werfen, für ein paar Minuten »Toter Mann« spielen. Auf den Zelten lastet viel Flugschnee, so dass sie erst freigeschaufelt werden müssen. Peter und Felix sind schon aufgestiegen zu Lager V. Inzwischen ist auch Hermann Kühn angekommen. Unfassbar, wie er sich für die Expedition einsetzt! Durch seine Krankheit fehlen ihm zwei Wochen Akklimatisationszeit. Er weiß, dass der Gipfel für ihn nicht mehr in Frage kommt, und trotzdem bringt er mehr Einsatz ein, als seine Kräfte hergeben. Noch niemand hatte es bis dahin geschafft, vier Mal hintereinander von Lager III zu Lager IV zu steigen, das ist eine Leistung, als stiege man an vier aufeinander folgenden Tagen durch die Matterhorn-Nordwand und wieder zurück. Die Rupalwand durchsteigt keiner im Alleingang. Menschen wie Hermann Kühn sind es, die eine solche Wand möglich machen. Leider kam auch er Jahre später in einer Lawine ums Leben.

Hermann, der in so souveräner und dabei bescheidener Weise ganz er selbst, sogar noch in seiner Unterwäsche die personifizierte Verlässlichkeit war, wird im nächsten Leben als ein herausragender Expeditionsleiter hervortreten. Dann hoffe ich ihm nochmals zu begegnen, denn ich vermisse sein verhaltenes Lächeln. Und wo immer seine Expeditionen hinführen mögen: Ihm wird man stets vertrauen können.

Die Begegnung der Brüder Messner

Reinhold kam relativ gut voran, wie er schreibt, und hatte die Merkl-Rinne bald hinter sich. Auf 7.650 m Höhe steilt sich die Rinne nochmals auf, fast senkrecht – zuerst Eis, dann Fels –, gekrönt von einer weit ausladenden Wechte. Dort oben, nur etwa 100 Meter entfernt, endet die Rinne an einem Grat, der so genannten Merkl-Scharte, einem markanten Grateinschnitt. Eine Distanz von nur 100 Metern, aber für einen Alleingänger ohne Seilsicherung und Haken einfach zu riskant, ja fast unüberwindbar.

Auch die Erstbegeher der Eiger-Nordwand wussten, dass die Wand bis zum Ende einer Rampe besteigbar ist, aber würde es auch eine kletterbare Verbindung zur »Weißen Spinne« hin geben? Wenn nicht, dann gäbe es kein vor und zurück mehr. Aber es gab tatsächlich ein Verbindungsstück und es war zu klettern, wenn auch höchst riskant – sie nannten es deshalb den »Götterquergang«.

120

Auch hier bot sich ein »Götterquergang« nach rechts an. Reinhold schreibt dazu: »Ja, diese Rampe ist meine letzte Hoffnung! Die einzige Möglichkeit jetzt! Das Gelände ist leichter, als ich gedacht habe, dritter Schwierigkeitsgrad vielleicht ... Die schwierigste Steilstufe in der Merkl-Rinne ist damit umgangen. Plötzlich fühlte ich mich wieder sicher ...«

Und einen Tag später, fast zur gleichen Stunde, wird es an dieser Stelle zu einem Rufkontakt zwischen Reinhold Messner und Felix Kuen kommen. Diesmal aber wird Reinhold aufgrund einer anderen Abstiegsroute oben an der Scharte stehen. Weil es seinem Bruder am Gipfel schlecht ging, wie er später sagt, mussten sie zur »schwierigsten Steilstufe« gehen anstatt zu der Stelle, die er einen Tag zuvor selber als »einzige Möglichkeit« erkannt hat. Welch absurde Logik!

Reinhold steigt nach dem »Götterquergang« also weiter. Irgendwann ein Stück weiter oben verschnauft er und blickt die Wand hinunter. Da sieht er Günther nachkommen. Obwohl Reinhold ein paar Stunden früher aufgebrochen ist, hat ihn Günther inzwischen eingeholt. Für Reinhold ergibt sich daraus eine vollkommen neue Situation, denn den Bruder hatte er für seine Unternehmung in keinster Weise eingeplant.

Merkl-Rinne mit Südspitze

Wann und wo auch immer sich die Brüder trafen – denn auch diesbezüglich variieren Reinholds Aussagen zum Teil erheblich –, spätestens nachmittags gegen 15 Uhr musste ihnen klar geworden sein: Wenn sie jetzt nicht umkehrten, war ein Biwak unausweichlich. Die Schlechtwetternachricht der roten Rakete hätte beide sogar noch vorsichtiger machen müssen, doch die rote Rakete hatten sie anscheinend an diesem Nachmittag zunächst völlig vergessen, der Himmel war ja strahlend blau. Der Gipfel zum Greifen nahe, und jetzt umdrehen? Nur wegen des Bruders umzukehren, das hieße auf den Gipfel, auf eine mögliche Überschreitung, auf den Ruhm verzichten.

Wie viele kleine Staffeleien mussten erklettert werden, bis Reinhold Messner bescheidenen Ruhm erlangte, endlich aus der Enge von Villnöss den Horizont erblickte. Dort war der Gipfel, dort stand die Himmelsleiter zu seiner Anerkennung, und nach seiner spektakulären Überschreitung stand er ja tatsächlich ganz oben.

Reinhold wird später von einem Journalisten nach seinem Verständnis von Kameradschaft gefragt: »Ach«, antwortet er, »Sie glauben auch an diese hehre Bergkameradschaft? ... man stirbt für seinen Kameraden – fürchterlicher Kitsch. Hoch oben am Berg gibt es keine besondere Moral. Jeder von uns würde, wenn es hart auf hart kommt, den anderen liegen lassen ... Das ist heuchlerische Bergsteiger-Romantik. Man krallt sich fest am Leben, am anderen, man wird zum Tier.«

Nur gegenüber seinem Bruder hätte er angeblich nie so handeln können, weil es, so Reinhold, »gegen die eigene Natur« und »wahrscheinlich ... auch genetisch« bedingt nicht möglich sei.

Das allerdings kann man jederzeit widerlegen.

Vorbereitung auf den Endspurt

Gegen Abend desselben Tages traf Gerhard Baur aus Lager V bei uns ein. Er hatte Schwierigkeiten beim Sprechen und seine Atemwege waren entzündet. Er erzählte uns von Reinholds Alleingang und Günthers eigenmächtigem Nachstieg. Gerhard konnte natürlich allein keine Versicherungen in der Merkl-Rinne anbringen, somit kehrte er unverrichteter Dinge zu Lager V zurück und holte dort noch etwas Schlaf nach. Er wollte dann auf Lager IV die Gipfelmannschaften erwarten und erst später zu Lager III absteigen, in der Hoffnung, dort seine Entzündung schneller auskurieren zu können.

Für uns hatte sich damit die Situation wieder verändert: Noch mehr wurde uns nun abverlangt. Wir hatten nachmittags Gott sei Dank für ein paar Stunden geruht. Dann die große Kochprozedur: Vier Stunden wummerten drei Kocher kraftlos vor sich hin – auch sie spürten die Höhenluft. Der Körper bräuchte in diesen großen Höhen eigentlich viel mehr Flüssigkeit, als man dort oben mit den Kochern aus Schnee gewinnen kann. Nur in Ausnahmefällen erhitzten wir das Wasser richtig, meist gaben wir uns mit lauwarmem zufrieden, rührten dann salzhaltige Suppenwürfel hinein – und fertig.

Wir unterhielten uns inzwischen über Reinhold. Wo liegen die Grenzen seines Ehrgeizes? Hat Günther ihn überhaupt einholen können? Sind sie rechtzeitig umgedreht? Wenn nicht: Wo werden sie biwakieren und wie werden sie die Nacht überstehen? Günther hatte ja aufgrund seines überstürzten Aufbruchs nichts dabei. Welcher Wahnsinn!

Hermann stieg gegen 17 Uhr wieder ab zu Lager III, da er am nächsten Tag einen verdienten Rasttag einlegen wollte. Wir anderen bereiteten uns auf den Aufstieg zu Lager V vor.

Die verhängnisvolle Entscheidung

Am 27. Juni ungefähr um 17 Uhr standen Reinhold und Günther am Gipfel des Nanga Parbat. Eine ganze Stunde blieben sie nach Reinholds Aussagen oben, obwohl es schon so spät war. Dabei hätten sie so weit wie möglich absteigen müssen, um einen möglichst tief gelegenen Biwakplatz zu finden. Sie machten laut Reinhold viele Fotos; Günther hatte eine schwere 6x6-Kamera dabei, Reinhold eine kleine Minox, die aber eingefroren war. Reinhold hisste den Wimpel der Hochgebirgsgruppe Bozen. Die pakistanische Gastflagge hatte Felix im Rucksack, denn Herrligkoffer hatte sie letztendlich Peter Scholz und Felix Kuen gegeben. Wie bereits erwähnt: Reinhold behauptet später, er habe nichts davon gewusst, dass Felix und Peter ebenfalls zum Gipfel steigen wollten.

»Als wir gehen wollen«, schreibt er, »versuche ich meine großen Norweger-Handschuhe wieder anzuziehen. Aber sie sind hart gefroren. Ich kann sie nicht mehr über die anderen Handschuhe streifen. Da ich aber ein Paar in Reserve dabeihabe, lege ich die beiden nutzlos gewordenen Klumpen aus Filz, Eis und Schnee auf die ersten Felsen westlich der Gipfelkuppe ... Dieser Steinmann am Gipfel des Nanga Parbat ist wie ein Symbol. Wofür? Wir wissen es nicht. Günther lächelt über den Einfall ... Wozu, will er sagen. Der Sturm wird ihn bald umwerfen. Von Buhl ist auch nichts mehr da.«

Günther ging es jedoch angeblich bereits am Gipfel sehr schlecht. Sicherlich war er erschöpft und hatte sich durch sein schnelles Nachsteigen eventuell sogar überanstrengt. Laut Reinhold soll es nun Günther gewesen sein, der darauf drängte, über die andere Seite abzusteigen, weil ihm der Rückweg über die Aufstiegsroute zu schwierig sei. Reinhold soll dagegen argumentiert haben, konnte sich aber nach seinen Aussagen nicht durchsetzen. Wer Reinhold näher kennt – wer vor allem die beiden Brüder zusammen erlebt hat –, muss diese Begründung lächerlich finden. Es ist für mich völlig ausgeschlossen, dass er einen solchen Vorschlag akzeptiert hätte, wenn es nicht wirklich auch sein ursprünglicher Plan war, über die Diamirflanke abzusteigen.

Wie auch immer, die letzte Entscheidung hat am Berg immer der zu treffen, der noch mehr bei Kräften ist, klarer denken und dadurch eine Situation besser einschätzen kann.

Dazu schreibt später Gerhard Baur: »Messner kannte die Gefahren der Diamirseite, hatte sich damit auseinander gesetzt und das macht eine Entscheidung am Gipfel, aus der Not heraus den geschwächten Bruder über die Diamirseite hinunterzubringen, unglaubwürdig. Glaubwürdiger für die Entscheidung am Gipfel ist dann schon die Willensstärke Reinholds, seine Ziele kompromisslos zu verfolgen, auch ›wenn er selbst dabei umkommen sollte‹.« In dieser Höhe tritt das Risiko, eventuell einen falschen Entschluss zu fassen, noch stärker in den Vordergrund. Durch eine Fehlentscheidung kann man alles verlieren. In diesem Fall war der springende Punkt der Zustand des Bruders. Wenn Reinhold sagt, ab 7.000 m Höhe herrschen andere Gesetze, hat er damit grundsätzlich Recht. Jedoch: Dort oben werden uns zwar tatsächlich keine Entscheidungen von irgendjemandem abgenommen, aber dann muss eben jene moralische Stärke zur Geltung kommen, die man Charakter nennt – und den spricht Reinhold offenbar jedem ab 7.000 m Höhe ab.

Reinhold Messners Argumentation, warum er sich zum Abstieg zur Diamirseite entschied, wird jedenfalls weniger durch die beschriebene Lage der Dinge plausibel als durch den ehrgeizigen Versuch, ein weiteres Kapitel Himalaya-Geschichte zu schreiben.

Aber zurück zur Szenerie: Die Brüder sind am Anfang ihres Abstiegs. Günther drängt laut Reinhold wiederholt darauf, zur anderen Seite des Gipfelgrats abzusteigen. Am Himmel keinerlei Anzeichen einer nahenden Schlechtwetterfront, hunderte von Kilometern reichte der Rundblick am Gipfel. Reinholds Wortlaut zu diesen Augenblicken: »Die rote Rakete fällt mir ein. Bald muss schlechtes Wetter kommen. Also müssen wir hier weg, und zwar schnell. Ich weiß nur, dass wir absteigen müssen, irgendwohin absteigen. Wo können wir biwakieren, frage ich mich, und wo sieht man uns von der Merkl-Rinne aus?« Das fällt ihm angeblich ein, nachdem sie eine Stunde am Gipfel verweilten!

Wo aber finden sie wohl so schnell Schutz vor dem drohenden »Sauwetter«? Gerade bei schlechtem Wetter wäre ein Abstieg in die unbekannte Diamirseite für beide absolut tödlich.

Sie hätten keine Chance gehabt, in Schneetreiben und Sturm im unbekannten Gelände einen sicheren Abstieg zu finden. Keine Gefährten, die helfen könnten, keine Fixseile, keine sicheren Lager! Stattdessen aber eine 3.500 Meter hohe, extrem lawinen- und eisschlaggefährdete Flanke.

Selbst, wenn die Behauptung Reinholds in »Der Nackte Berg« stimmen würde, dass er vorhatte, mit Günther nur zunächst zur anderen Seite abzusteigen, um dann von dort doch wieder über die Merkl-Scharte zur Rupalseite einzuqueren, wäre dies äußerst widersinnig: Wie er selbst beschreibt, beginnen die eigentlichen Abstiegsschwierigkeiten der Rupalwand erst unterhalb dieser Stelle. Und dass sie so oder so hätten biwakieren müssen, war zu diesem Zeitpunkt längst klar.

Reinhold ignoriert jedenfalls im Nachhinein das schöne Wetter vollkommen: »Nach dem schlechten Wetterbericht war für mich klar, da geht niemand anderer zum Gipfel!« In einem Fernsehinterview im Jahr 2002 wird er dann sagen: »Und als wir *am Gipfel* waren (Hervorhebung Hans Saler), waren wir in einer Sackgasse ...«

Eine Sackgasse war es in der Tat insofern, als hier der Aufstieg zu Ende war – mehr nicht. Weiter sagt er: »... damit hatten wir nur mehr zwei Optionen, entweder oben hocken zu bleiben und umzukommen, zu erfrieren oder an Höhenkrankheit zu sterben ... oder über diese andere Flanke abzusteigen.« Wer auf den Montblanc steigt und oben »hocken« bleibt, wird auch erfrieren; würde dort zwar nicht unbedingt durch Höhenkrankheit umkommen, zumindest aber irgendwann verhungern.

In seinem Buch »Der Nackte Berg« tritt laut Reinhold diese beschriebene Sackgasse dann wieder nicht am Gipfel, sondern erst bei ihrem ersten Biwak nahe der Merkl-Scharte ein – aber wie dem auch immer gewesen sein mag: Sollte der im Notfall nächstliegende Abstieg zu einem geeigneten Biwakplatz nicht auch der Weg des Aufstiegs sein, über den sie so problemlos hochgekommen waren? Hinunter bis zum »Götterquergang«, von wo dann erst die Schwierigkeiten der Merkl-Rinne beginnen. Reinhold hatte sechs Meter Reepschnur, mit ihr hätte er Günther zusätzlich sichern können. Es war bereits 18 Uhr vorbei und viel weiter hätten sie bei Tageslicht ohnehin nicht mehr absteigen können. Am Morgen wären sie dann auf Kuen und Scholz getroffen, die ihnen das Seil überlassen und auch geholfen hätten. Wenige Stunden später wäre die Merkl-Rinne von uns versichert gewesen, und wir hätten sie zusätzlich unterstützen können. Der Biwakplatz wäre sogar noch 100 Meter tiefer gelegen und zudem windgeschützter gewesen als der von Reinhold beschriebene spätere Biwakplatz nahe der Scharte.

Es gibt absolut keinen nachvollziehbaren Grund, weshalb sie sich für einen nicht einsehbaren, unbekannten und schwierigeren Abstieg zur Merkl-Scharte »aus der Not heraus« hätten entscheiden müssen, wo sie doch noch vom Aufstieg her genau wissen konnten, dass die 100 Meter lange Verbindung von der Scharte zurück zum »Götterquergang« – laut Reinholds eigenen Einschätzungen »die schwierigste Steilstufe in der Merkl-Rinne«, die er selbst tags zuvor beim Aufstieg umgehen musste – gerade im Abstieg noch schwieriger, ohne Seil und mit seinem höhenkranken Bruder unmöglich sein würde.

Und dass der von ihnen als angeblich einziger Ausweg gewählte Abstieg schon kurz nach dem Gipfel, also noch vor der Stelle des ersten Biwaks, schwieriger und unübersichtlicher war, weiß man offiziell seit 1976, als die österreichischen Spitzenbergsteiger Schell und Schauer für diesen Abschnitt ein Seil brauchten und bestätigten, dass der Abstieg vom Gipfel zur Merkl-Scharte nicht einsehbar und darum auch schwer zu finden und sehr anspruchsvoll sei.

Um die Situation etwas vereinfacht bildhaft darzustellen: Wenn ich ein Hochhaus von 100 Stockwerken über die Treppe hochsteige und mich davon sehr erschöpft fühle, dürfte ich normalerweise keinen Anlass sehen, genau aus diesem Grund die Hausfassade als Abstieg zu wählen.

Kurz nachdem sein Buch »Der Nackte Berg« erschienen ist, antwortet Reinhold im Südtiroler Wochenmagazin »ff« auf die entsprechende Frage, weshalb sie nicht über den Aufstiegsweg auch wieder absteigen konnten, und zwar zumindest bis zu dem Punkt, bis zu dem das Gelände noch relativ leicht war und sie mit einer nachsteigenden Mannschaft hätten zusammentreffen können: Er hätte einfach nichts gewusst – weder von der Gipfelmannschaft noch von den Seilen, mit denen die Wand versichert werden sollte. Selbst seinem Bruder Günther unterstellt er im Nachhinein, er habe keine Ahnung gehabt, dass Peter und Felix ebenfalls zum Gipfel steigen würden. Wörtlich heißt es: »Nein, das hat auch Günther nicht gewusst. Auch Baur hat es am Morgen des 27. Juni nicht gewusst.« Diese Behauptung ist nicht nur absolut unglaubwürdig, sondern geradezu lächerlich. Wo sollten denn die anderen Bergsteiger im oberen Wandbereich bei dem schönen Gipfelwetter sein? Spielten sie vielleicht Karten auf Lager IV? Und wieso schrieb er noch kurz vor diesem Interview in seinem eigenen Buch, dass er eben doch von einer nachsteigenden Mannschaft ausging? Er behauptet dort selbst, dass er zur Scharte zurückkommen wollte – dies auch tat –, um auf die Hilfe einer heraufsteigenden Mannschaft zu warten. Gerhard Baur, nebenbei bemerkt, wusste es natürlich und weiß es auch heute noch.

Zur näheren Erklärung der Situation greife ich einen Tag voraus: Am Morgen des 28. Juni ist das Wetter immer noch schön, aber Reinhold beharrt auf der Schlechtwetterprognose der roten Rakete, es war für ihn angeblich nach wie vor klar: »... da geht niemand anderer zum Gipfel.« Trotzdem ruft er laut eigenen Aussagen von der Nähe des Biwakplatzes aus an der Scharte nach Hilfe. Einige Zeit später: »Als Kuen, den ich ja nur als Figur ausmachen konnte, den Berg heraufkam, habe ich mir gesagt, mein Hilferuf hat also geholfen. Sonst würde ja niemand kommen.«

Die Logik ist frappierend: Kuen und Scholz verzichten wegen des guten Wetters auf den geplanten Gipfelaufstieg und bleiben untätig auf Lager IV oder V, da kommt ihnen durch den tosenden Wind Reinholds Hilferuf zu Ohren, kurz darauf sind sie schon zur Stelle.

Dann kommen Felix und Peter bei ihm an. Auch dazu hat er verschiedene Versionen parat: Einmal sagt er, die beiden hätten helfen können, ein anderes Mal, dass es absolut unmöglich gewesen wäre. Es ist schwierig, sich mit Reinhold argumentativ auseinander zu setzen, weil er ständig neue Behauptungen aufstellt und alle möglichen Register zieht, obwohl dabei letztlich nur Widersprüchliches herauskommen kann.

Wie man die Mosaiksteinchen auch dreht und wendet, keines passt zueinander, nichts ergibt ein einsichtiges und einleuchtendes Bild. Das Gewebe aus Behauptungen ist schon zu verflochten, läuft ihm aus der Hand. In einem Interview im »stern« fragt ihn der Reporter Arno Luik, weshalb er nicht einfach die Wahrheit sage. Da bringt er dieses Thema auf den Punkt: »Ich spreche nie von der Wahrheit. Sie ist ein zu hoher Wert. Wenn es die Wahrheit gäbe, gäbe es auch Gott.« Fazit: Weil er Gott anzweifelt, braucht er sich nicht an die Wahrheit zu halten – für mich ein klarer Freispruch in eigener Sache, die dann für ihn ad acta gelegt werden kann.

Doch wieder zurück zum Tag davor: Nach dem viel schwierigeren Abstieg über den teils von Fels durchsetzten Grat erreichen laut Reinhold die Brüder – vermutlich im letzten Tageslicht – die Höhe der Merkl-Scharte und richten sich dort für ihr Biwak ein. Eine Nacht auf dieser Höhe, dazu Wind und Temperaturen bis zu 30 Grad unter Null, ist immer ein Risiko. Es folgt also eine grausame Biwak-Nacht, in der Minuten zu Stunden werden.

Ein Laie mag sich vorstellen, man würde auch beim endgültigen Gipfelanstieg eines Achttausenders Zelt, Schlafsack und Kocher mit sich schleppen. Vermutlich ist aber bis heute noch

nie der Gipfel eines Achttausenders mit einem solchen Ballast
erstiegen worden und niemand wusste und weiß das besser
als Reinhold, der sonst fast alles tut, um noch das letzte
Gramm Gewicht zu sparen. Trotzdem führt er das Fehlen von
Schlafsack, Kocher, Pass und Geld, in einem Fernsehinterview
sogar das Fehlen eines Zeltes, als Beweis an, dass er die Überschreitung nie geplant habe – für Laien vielleicht überzeu-
gend, für Expeditionsbergsteiger einfach lächerlich. Es fährt
ja auch keiner die Tour de France mit Dynamo, Licht und
Satteltaschen.

Bis an unsere Grenzen

Am selben Tag, dem 27. Juni, auf Lager IV: Kurz vor Dunkelheit, als der Schnee schon wieder gefroren ist, schultern wir
unsere Rucksäcke, diesmal tragen wir auch noch einen Teil
von Hermanns Last. Eine Sauerstoffflasche bleibt auf Lager
IV, die andere geht mit zu Lager V. Machtvoll übernimmt der
»innere Schweinehund« das Regiment. Jeder Schritt schmerzt,
die Müdigkeit des Aufstiegs am Morgen sitzt noch voll in den
Muskeln und Knochen. Der Schnee reflektiert ausreichend,
um gut sehen zu können. Linker Schritt, zwei Mal durchatmen. Rechter Schritt, zwei Mal durchatmen, linker Schritt
... Es kommt der Punkt, wo der Schmerz das Denken beherrscht und alle anderen Wahrnehmungen ausschaltet. Ich
muss mich übergeben, die Anstrengung und die Höhe for-
dern ihren Tribut. Das Blut, das Gehirn verlangen nach Sauerstoff, die Kälte sticht in den Lungen. Linker Schritt, drei Mal
atmen, rechter Schritt, drei Mal atmen, linker Schritt. Ich höre
das Blut in den Ohren rauschen. Hinter mir erbricht sich ein
Leidensgenosse. Gut zu wissen, dass es einem nicht alleine
schlecht geht. Weiter ... weiter ... nicht aufgeben, wir haben es
Peter und Felix versprochen, wir haben es uns selbst verspro-

chen! Wo bleibt der zweite Gang, wann schaltet das Getriebe um? Alle Leistungssportler kennen den zweiten Gang. Am absoluten Tiefpunkt des Leidens, an dem es scheinbar kein Weiterkommen mehr gibt, verändert sich das psychische Erleben plötzlich dramatisch und leitet die Wende ein. Eine geheimnisvolle Macht trägt einen und verhilft zu neuen, ungeahnten Kräften. »Weiter, weiter!« Diese Worte hämmern in meinem Kopf wie das Ticken einer Uhr.

Auf einmal geht es besser. Ich habe an meiner physischen Begrenztheit gelitten und mich selbst wieder von diesem Leiden befreit, ein merkwürdiger Automatismus hat mich und die Motorik meiner Bewegungen erfasst. Auch Gert und Werner haben sich wieder gefangen, haben wieder zu einem neuen, freieren Atemrhythmus gefunden.

Peter und Felix hören schon von Weitem unser rhythmisch-keuchendes Atmen, wir pfeifen und rasseln wie Motoren, die über die Zylinderkopfdichtung ausatmen. Peter hat seine Wette verloren: Wir sind noch vor Mitternacht angekommen. Jetzt bin ich ihm keine »Tragemeter« mehr schuldig, er mir dafür 850 Meter. Ich wollte, wir könnten zusammen zum Gipfel gehen, damit ich dort oben mein Guthaben einfordere.

Todeszone

Zurück zu Reinholds Beschreibungen zur Situation der beiden Brüder in der Nacht vom 27. auf den 28. Juni: Mitternacht, Biwak in der Todeszone. Günther wird angeblich schwächer und schwächer. Reinhold musste wissen, dass die Höhenkrankheit zu einem schnellen Tod führen kann. Reinholds Organismus nimmt die Höhe Gott sei Dank gut an.

Spätestens gegen 4 Uhr wird es hell, die Messners müssten jetzt aufbrechen. Für einen Höhenkranken ist jede Minute überlebenswichtig, um der Todeszone zu entkommen.

Doch Günther ist laut Reinhold schon zu geschwächt. In dieser Situation wäre die Rampe, die Verbindung hinunter zur Aufstiegsspur, dort, wo irgendwann die Seilschaft Kuen und Scholz vorbeikommen musste, tatsächlich seine letzte Hoffnung. Reinhold weiß aber vom gestrigen Aufstieg her sehr wohl, dass diese 80 bis 100 Meter, die ihn jetzt von seiner alten Aufstiegsspur trennen, äußerst schwierig und im Abstieg ohne Seil auch für ihn praktisch nicht zu bewältigen sind. Aber die anderen werden mit einem Seil kommen und auch Felshaken und Eisschrauben mitführen, also besteht eine Möglichkeit. Er bindet einige Reepschnüre zusammen und kommt auf sechs Meter. Damit wächst die Chance, dass er Felix und Peter, wenn sie bis zur allerletzten schwierigen Steilstufe an ihn herankommen würden, von oben herab mit seiner Reepschnur erreicht. Dann könnte er an deren Seil und ein paar Haken herankommen.

In der Merkl-Rinne

In derselben Nacht, ein paar Stunden früher, auf Lager V: Peter und Felix verdrücken noch rasch ein paar Kekse und einen in der Hosentasche warm gehaltenen, plattgedrückten Käse und trinken dazu heißen Tee. Dann umarmen wir uns zum Abschied kurz, und sie treten um 1 Uhr ihren Weg zum Gipfel an. »Hey, Peter«, rufe ich ihm noch nach, »vergiss nicht, wir sollen unseren Müttern Steine vom Gipfel mitbringen.« Dann zwängen Gert, Werner und ich uns ins enge Zelt zu einer für uns gleichermaßen recht unbequemen Ruhepause. Keiner von uns schläft, uns plagen Muskelkrämpfe, und schon bei der kleinsten Bewegung japsen wir nach Luft wie nach einem tiefen Tauchgang.
In dieser Stille und Einsamkeit hören wir mit jedem Herzschlag das Ticken der ewigen Zeituhr. Die Gedanken sind bei

Reinhold und Günther. Wo mögen sie wohl biwakieren, wie mag es ihnen in diesem Augenblick ergehen? Wir können nicht ahnen, welche Tragödie sich da oben bereits abspielt, ja dass Günther vielleicht schon tot ist. Peter und Felix, sind sie schon bei der ersten Felsbarriere? Weshalb geht nicht das alte Seilteam Felix und Werner zusammen und mein Freund Peter mit mir? Irgendwie hat sich diese Konstellation durch die Dominanz von Felix so ergeben. Die Gedanken kreisen auch darum, was auf uns selbst zukommen wird. Werden die Kräfte reichen, nach dem Gewaltmarsch von Lager III bis Lager V jetzt auch noch die Merkl-Rinne zu versichern? Ja, sie müssen reichen – für die zurückkehrenden Gipfelmannschaften!

Als ich endlich das Gefühl habe, einzuschlafen, rütteln mich Gert und Werner wach: »Nur noch eine Minute, meine Seele ist noch nicht zurück.«

Der Kocher faucht müde. Eine Tasse heißer Brühe wird zum Inbegriff irdischer Freuden. Jeder versucht ein paar Kekse hinunterzuwürgen. Alles ist hier oben eine Qual, erfordert starke Selbstüberwindung. Die Nähe der Gefährten tut gut, und doch wird der Berg in der Einsamkeit bestiegen.

Im Osten der erste Lichtstreif. Es ist 4 Uhr. Mein Handthermometer schlägt bei 30 Grad unter Null an und die Sterne leuchten wie spöttische Eiszapfen. Doch die Kälte ist ein gutes Zeichen, das Wetter wird halten. Ein paar Wolken, aber nicht beunruhigend. Kaum stehen wir im Freien, gefriert schon der Atem auf den Lippen, selbst auf die Augenbrauen legt sich Reif. Die schrecklichste morgendliche Prozedur ist das Anlegen der Steigeisen, die Lederriemen sind noch gefroren und die dicken Handschuhe machen das Durchfädeln und Festziehen der Riemen zur Gedulds- und Nervenprobe.

Wir stiegen hinüber zur Rinne. Unsere Rucksäcke schienen schwerer als noch vor wenigen Stunden. Der Atem hinterließ Reif am Bart, langsam wuchsen daraus immer längere Eiszapfen. Hundert Meter höher kamen wir zum deponierten Sicherungsseil. Hier hatte Günther seine verhängnisvolle Entscheidung nach dem Problem mit dem Seilsalat getroffen. Diesen hatte zum Glück mittlerweile Gerhard Baur gelöst, wir hätten zu dieser Stunde nicht mehr den Nerv dazu gehabt. Auf Gerhard ist einfach Verlass.

Wir banden uns ins Seil. Jede Seillänge sollte ein anderer vorsteigen, Werner fing an. Er hängte sich eine beeindruckende »Schlosserei« an den Gurt: Fels- und Eishaken, die Eisschrauben und Karabiner und einen Hammer. Wer nachsteigt, trägt alle anderen Lasten, wird dafür aber von oben gesichert, denn ein Sturz ist für ihn viel wahrscheinlicher als für den ohne Last Steigenden. Seillänge um Seillänge arbeiteten wir uns langsam hoch, setzten Haken in Felsritzen und Schrauben bzw. die 30 cm langen Eishaken ins Eis und hängten die Fixseile ein. Mit der Kletterei kamen wir gut zurecht, hier gab es keine Abkürzungen und Tricks, es galten die Gesetze der Könnerschaft. Jeder Klimmzug erforderte mit Last keine fünf, sondern zehn Atemzüge. Mit jeder Seillänge, in der wir ein Fixseil zurückließen, wurde zum Glück die Tragelast weniger.

Der Rufkontakt

Felix Kuen und Peter Scholz kommen anfangs nur langsam vorwärts, sie sind sehr früh aufgebrochen, und die Dunkelheit erschwert das Klettern sehr. Auch sichern sie sich Seillänge für Seillänge, wie das normal ist. Da wegen Günther nichts versichert wurde, brauchen sie länger und müssen ebenfalls mit einem Biwak rechnen. Gegen 8 Uhr glauben sie von oben Stimmen zu hören. Das können nur die Brüder sein, die sich im Abstieg irgendwelche Kommandos zurufen. Eine Stunde später hören sie gelegentlich immer noch Stimmfetzen, dabei müssten die Messners doch schon in Sichtweite sein. Sie lüften die Anorakkapuze und Mütze, langes Warten, nur das

Geräusch des Windes und ihres eigenen Atems dringt an ihr Ohr. Von unten einige Hammerschläge: Das muss die nachsteigende Sicherungsmannschaft sein. Dann wieder eine Stimme, schwach, vom Wind zerrissen. »Hoffentlich ist da oben alles in Ordnung!«, denkt Felix. Dann ziehen sie wieder Mütze und Kapuze tief ins Gesicht und konzentrieren sich auf das Klettern im noch immer schwierigen Gelände. Einmal glauben beide Hilferufe zu hören, sind sich aber nicht sicher.

Von etwa 6 Uhr an schreit sich Reinhold Messner angeblich zwei bis drei Stunden die Seele nach den Gefährten aus dem Leib, bis ihm fast die Stimme versagt. Immer wieder geht er zu Günther zurück, der sich nach Reinholds Aussage kaum noch rührt, aber klar versteht, dass sein Bruder nur beruhigend auf ihn einredet, jedoch keine Hilfe in Sicht ist. Gegen 10 Uhr sieht Reinhold endlich unter sich einen Bergsteiger hochkommen, es ist Felix Kuen.

Über der Seilschaft bäumt sich die Rinne immer steiler auf, bis sie am Grat endet. Das muss die Merkl-Scharte sein, denken sie sich. Wie da nur hochkommen? Noch geht es einigermaßen gut weiter. Felix steigt vor, Peter sichert. Zum Glück finden auch sie jetzt die gut gangbare Schneerampe nach rechts aus der Rinne, auch für sie ein »Götterquergang«. Sie ist relativ leicht, und so brauchen sie sich nicht mehr gegenseitig zu sichern, sondern steigen verbunden durch 40 Meter Seil gleichzeitig, Peter etwa 35 Meter hinter Felix.
Dann hören sie plötzlich ein Rufen, gut verständlich: »Hallo!« Felix blickt empor und sieht Reinhold etwa 80 bis 100 Meter über sich am Grat auf einem Felsriegel stehen. Sein erster Gedanke: Was Reinhold wohl da oben sucht?
Er ruft zurück: »Wart ihr am Gipfel?«
»Ja!«, bestätigt Reinhold. Felix versteht anscheinend auch noch, dass Reinhold und Günther gegen 17 Uhr den Gipfel erreichten und sich nun im Abstieg befinden.

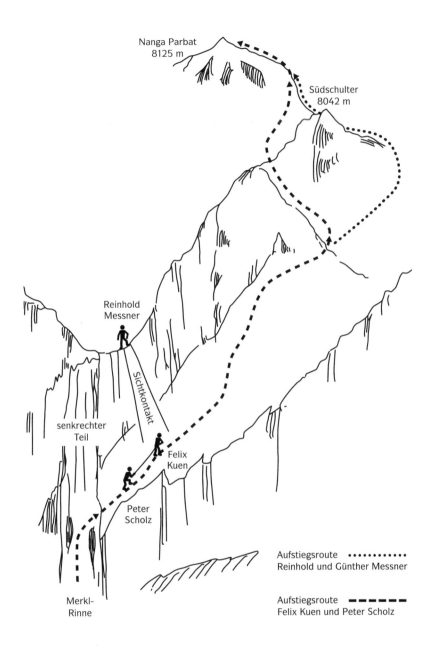

Schematische Darstellung der Begegnung Kuen/Scholz mit Reinhold Messner

136

Peter hat keine Sichtverbindung mit Reinhold, hört aber deutlich die Worte von Felix und bruchstückhaft auch die von Reinhold.

Felix denkt an die Hilferufe, die er einige Zeit vorher glaubte gehört zu haben, und so ruft er: »Ist bei euch alles in Ordnung?«

Klar und unmissverständlich kommt Reinholds Antwort: »Ja, es ist alles in Ordnung.« Kuen atmet auf, die Befürchtungen, dass etwas passiert sei, waren also unbegründet. Er gibt die Antwort Reinholds an Peter weiter.

Obwohl die Entfernung und der Wind den Rufkontakt erschwerten, konnte doch eine relativ komplizierte Information ausgetauscht werden: Felix verstand noch, dass Reinhold ihm riet, nicht wie er und sein Bruder rechts um den Südgipfel herum aufzusteigen, sondern links davon, dies sei kürzer und schneller. Auch bei diesem Informationsaustausch gab es laut Felix keine Anzeichen einer angeblichen Notsituation. Günther war während des ganzen Rufkontakts nicht zu sehen.

Reinhold gab dann noch zu verstehen, dass er auf die andere Bergseite absteigen würde, Felix solle das der Mannschaft ausrichten, er würde dann schon wieder ins Basislager gelangen. Felix versuchte noch, ihn von diesem wahnsinnigen Plan abzuhalten. Reinhold aber winkte ihm zu, wies mit dem Arm nach Westen zur Diamirseite, drehte sich um und ging los. Felix konnte sich keinen rechten Reim darauf machen – und wo war Günther, weshalb hatte er sich während des Wortwechsels nicht gezeigt?

Nur ein kurzes Stück weiter wartete Felix auf Peter, sie rasteten fast eine Stunde, schauten hinüber zum Grat, doch Reinhold zeigte sich nicht mehr. Sie betrachteten von ihrem Standpunkt aus die Fortsetzung der Rinne bis zur Scharte hinauf und fragten sich natürlich, ob diese letzten 80 bis 100 Meter, denen sie ausgewichen waren, für sie auch kletterbar gewesen wären, wenn sich der »Götterquergang« eben nicht so überraschend als relativ bequeme Umgehung angeboten hätte. Beide schätzten die Kletterei zwar als äußerst schwierig ein, doch mit technischen Hilfsmitteln, wie Seil, Felshaken und Eisschrauben – und davon hatten sie ausreichend dabei – nicht als unüberwindbar. Dies beweist, wenn Reinhold eine Notlage kundgetan hätte, dass zumindest ein Rettungsversuch von dieser Seite hätte stattfinden können. Für Felix und Peter aber gab es keinerlei Grund anzunehmen, dass Reinhold und Günther sich nicht freiwillig auf dem Weg zur Diamirseite befanden, Felix versuchte ja auch noch, Reinhold den Abstieg über die andere Seite auszureden.

Unsere Arbeit an der Seilversicherung schritt unterdessen gut voran, wobei uns am meisten das Schlagen der Felshaken aufhielt. Wir durften uns an keiner Stelle nur auf einen einzelnen Haken verlassen, denn wenn er bei Belastung ausbrechen sollte, wäre dies für den Stürzenden wie für alle anderen, die mitgerissen würden, auf jeden Fall tödlich. Eine vom Gipfel erschöpft zurückkommende Mannschaft muss sich hundertprozentig auf die Seil-Haltepunkte verlassen können; sie wird noch ausreichend damit beschäftigt sein, die Seile während des Abstiegs auf eventuelle Steinschlagschäden hin zu prüfen. Wir fühlten uns alle drei gut, und die Anstrengung vom Vortag und der Nacht setzte uns überraschend wenig zu. Immer mehr Eisbrocken, gelegentlich auch Steine schossen an uns vorbei. Dann hörten wir wieder Stimmen und glaubten, dass diese von den absteigenden Messners kommen mussten, die sich Kommandos zuriefen. Später stellte sich heraus: Wir hörten da Teile aus dem Dialog zwischen Reinhold und Felix. Wir waren offenbar nicht weit voneinander entfernt, doch klettermäßig trennten uns in dieser Höhe und in diesem Steilgelände natürlich immer noch einige Stunden.
Gegen 13 Uhr waren alle Seile für die Sicherung der Rinne aufgebraucht. Wir standen unter einem etwa sechs Meter hohen senkrechten Felsriegel, der rechts gut umgangen werden konnte. Danach legte sich die Rinne etwas zurück und ihr

Grund war firnbedeckt. Hier würden die absteigenden Gipfelteams, wie wir zufrieden feststellten, keine Schwierigkeiten haben. Wir hielten Ausschau nach Günther und Reinhold, sahen sie aber nicht. Unsere Höhe schätzten wir auf 7.600 m. Eine Stunde zuvor hatte sich eine Wolke an den Berg gehängt, es schneite, klarte jedoch irgendwann wieder auf.

Ich erinnere mich, wie einer von uns sagte: »Jetzt könnten wir gleich zum Gipfel weitergehen.« Das war vollkommen ernst gemeint, doch die Worte waren noch nicht ausgesprochen, da wussten wir bereits, dass es dafür schon viel zu spät war.

Die vorbeisurrenden Geschosse mahnten uns, so schnell wie möglich aus der eis- und steinschlaggefährdeten Rinne zu verschwinden.

Morgen, ja morgen werden wir zum Gipfel aufbrechen! Und wir werden es leicht haben, denn der schwierige Teil der Merkl-Rinne ist abgesichert.

Widersprüche

Zurück zur Rufverbindung zwischen Kuen und Messner:
Kuen: »Ist bei euch alles in Ordnung?«
Messner: »Ja, es ist alles in Ordnung.«
Dieser knappe Wortwechsel ist verbürgt, selbst Messner streitet ihn nicht ab.

Weshalb schrie er aber zuerst angeblich mehrere Stunden um Hilfe, und dann, als die Retter nahen, ist plötzlich »alles in Ordnung«? War Günther inzwischen gestorben oder hatte er keine Überlebenschance mehr?

Drei Jahrzehnte später will Reinhold Messner das alles ganz anders verstanden haben – recht abenteuerlich, wie er die Wahrheit dabei strapaziert. Er habe die Frage von Kuen so verstanden, ob beide noch »okay« seien. »Wie zur gegenseitigen Beruhigung« habe er diese Frage bejaht.

Fiel deshalb anscheinend kein Wort einer Bitte um Hilfe, um ein Seil, kein Wort von Günthers lebensbedrohender Höhenkrankheit, kein Wort der Sorge um sein Leben, etwa, weil er den »zartbesaiteten« Kuen nicht erschrecken wollte?

Nein, alles ein Missverständnis, Messner habe das natürlich so nicht gemeint. Oben am Berg, in der Todeszone, behauptet er in einem Interview, sei »gesund sein relativ« und so fragt sich der Spiegel-Redakteur Carsten Holm zu Recht: »Kann Lebensgefahr relativ sein?«

»Felix Kuen hat meine Rufe offenbar ganz anders verstanden, als ich dachte«, so Messner. Gut, wenn er sich missverstanden fühlte, weshalb sprach er nicht Peter Scholz an, zu dem er sich kurz nach dem Austausch mit Felix Kuen ebenfalls in Rufweite befunden hätte? Warum machte er keine eindeutigen Winkzeichen? Weshalb verschwand er aus dem Gesichtskreis der Gefährten, die eine geschlagene Stunde in Sichtweite rasteten? Weshalb beschränkte er sich nicht auf den eindeutigen Ruf um Hilfe? Hier überschreitet der Grenzgänger Messner gewaltig die Grenzen der Glaubwürdigkeit!

Mir klingen seine Aussprüche der letzten Zeit in den Ohren. Einmal sagt er, er trage die volle Verantwortung und habe noch nie etwas Schlechtes gegen die Kameraden gesagt, beim nächsten Interview bläst er schon wieder zum großen Angriff: »Wer sagt«, die 80 bis 100 Meter zu ihm hoch wären kletterbar gewesen, »unterstellt Kuen unterlassene Hilfeleistung«. Und ein andermal wieder behauptet er, Kuen habe den Gipfel vorgezogen. Ein solcher Vorwurf würde dann aber auch Peter Scholz gelten, für den ich als längjähriger Freund noch heute meine beiden Hände ins Feuer lege.

Unterlassene Hilfeleistung – Schlimmeres kann man Bergsteigern kaum nachsagen. Reinholds Angriffe gegen Felix und Peter sind neu. Beide sind tot, können sich nicht mehr zur Wehr setzen. Als Felix später vom angeblichen Zustand Günthers erfuhr, fasste er dies, als hätte er Reinholds heutige Anschuldigung schon geahnt, in folgende Worte: »Es war kein Wort nach Hilfe erklungen, kein Wort nach einem Seil, kein Wort, dass Günther krank wäre ... Wir hätten geholfen, wären links um die Südschulter aufgestiegen und von dort zu Reinhold und Günther gegangen. Peter und mir diese Handlung auch nur in Gedanken nicht zuzumuten, wäre einfach ungeheuerlich ... Wir hätten nicht nur helfen können! – Wir hätten geholfen!«

Reinholds jüngster Erklärungsversuch für dieses widersprüchliche Verhalten – dass er Felix und Peter nicht zu einem lebensgefährlichen Manöver überreden habe wollen – ist angesichts eines angeblich höhenkranken Bruders in meinen Augen nicht nur lächerlich, sondern auch absolut neu. Ein weiterer verzweifelter und erfolgloser Versuch, sich aus den Verstrickungen der eigenen Widersprüche zu befreien?

Messner schiebt seinem Erzrivalen Felix Kuen immer wieder den Schwarzen Peter zu, Peter Scholz dagegen fügt sich nicht in sein Schema. Peter Scholz war intelligent, äußerst aufrichtig und charakterfest, einer, dem der Gipfel nicht einen Pfennig bedeutet hätte, wenn es darum gegangen wäre, egal wen zu retten. Auch wir, Werner Haim, Gert Mändl und ich, hätten helfen können, da wir ja nicht sehr weit entfernt vom Geschehen waren. Wir hörten ja Stimmen, konnten aber nichts verstehen, dachten dies seien normale Seilkommandos. Es gibt immerhin internationale Notsignale, zum Beispiel Klopfzeichen in den bekannten Intervallen, und das rhythmische Hämmern auf einen Fels hätten wir mit Sicherheit gehört. Die Wand war steil genug, auch einen Bewusstlosen nach unten zu schaffen. Ausrüstung war ebenfalls ausreichend vorhanden und auf Lager V gab es eine Sauerstoffflasche. Ich bin daher überzeugt, dass wir unter einigermaßen normalen Bedingungen einen Höhenkranken noch am gleichen Tag bis Lager V gebracht hätten. Müßig zu sagen, dass es natürlich zuallererst der Mitteilung Reinholds bedurft hätte, eindeutig Hilfe anzufordern, was er eben nicht tat. Die besten Voraussetzungen für eine Rettung waren gegeben.

Die zweite Gipfelmannschaft

Felix und Peter ließen das Seil an ihrem Rastplatz zurück, da der Weiterweg gut aussah und ein Seil nur unnötiger Ballast gewesen wäre. Mittags zog ein kurzer, heftiger Gewittersturm auf, der viel Schnee ablud. Bald darauf schien zwar wieder die Sonne, aber der Wind blieb.

»Unser Aufstiegstempo gleicht einem Jahrmarktbummel«, schreibt Peter. »Alle fünf Schritte bleiben wir stehen ... Bleibt man längere Zeit stehen, beruhigt sich der Atem wieder. Langsam und unauffällig fallen einem die Augen zu. Man merkt dies erst, wenn man die Balance verliert. Dann beginnt das Spiel von Neuem.«

Die Höhe geht nicht spurlos an ihnen vorüber. Der Sauerstoff-Partialdruck beträgt hier etwa noch ein Drittel des Druckes auf Meereshöhe. Mit jedem Schritt erhöht sich das körperliche und damit auch das psychische Leiden. Das Selbstbewusstsein und die Willenskraft werden auf die härteste Probe gestellt, ja man beginnt an sich selbst zu zweifeln. Die Wahrnehmung verzerrt sich und die Konzentrationsschwäche nimmt zu. Ab einem gewissen Punkt trägt einen kaum noch die eigene Kraft weiter, nur noch der letzte Rest an Willenskraft. Auf dem Weg zum Gipfel gehen Leben und Tod eine innige Gemeinschaft ein.

Rechts von ihnen der Südgipfel, links beginnt das Gelände, über das Reinhold und Günther abstiegen. Nach oben ein flacher Rücken, über dessen fernem Ende sich eine alles überragende Schnee- und Felspyramide aufbaut – der Gipfel!

Noch trennen sie ein paar Stunden vom Ziel. Fünf Schritte – atmen – fünf Schritte – atmen. Die Anorakkapuzen haben sie tief in die Gesichter geschnürt, denn der Wind treibt ihnen den Flugschnee ins Gesicht. Fünf Schritte ... bloß nicht der Erschöpfung nachgeben ... weiter ... weiter.

16 Uhr bei strahlendem Wetter. Die letzten Meter sind überwältigend, sie fühlen es: Jetzt ist ihnen der Gipfel gewiss.

Dann stehen sie beide oben, drücken sich die Hände, lassen die Handschuhe dabei an, das gilt. Beide sind überglücklich, doch sparen sie sich ein Lächeln, es ist buchstäblich eingefroren. In diesem Augenblick besteht die Welt für sie ausschließlich aus dieser winzigen Plattform aus Fels und gepresstem Schnee. Am Vortag fast zur gleichen Stunde befanden sich Reinhold

Pakistanische Flagge am Gipfel

und Günther hier oben. Mit dem Glücksgefühl des Gipfelerfolgs begann vielleicht sein Sterben.

Felix und Peter fanden dann am Gipfel auch die Filzhandschuhe, die Reinhold am Vortag zwischen den Steinen des frisch geschichteten Steinmanns zurückließ. Natürlich erkannten sie sofort Reinholds Norweger-Handschuhe. Von wem sollten sie auch sonst sein? Sie waren neu, und die letzte Besteigung lag acht Jahre zurück. Sie zweifelten damals so wenig am Erfolg der Messner-Brüder wie sie die obere Aufstiegsspur der beiden, der sie folgten, nie dem Yeti zugeordnet hätten. Und auch von allen Expeditionsteilnehmern argwöhnte keiner auch nur einen Augenblick Falsches.
Reinhold Messner unterstellt später Felix und Peter, sie hätten Zweifel daran gehabt: »... ein Stück Filz, mögen sie gedacht haben, aber nicht eindeutig uns zuordnen wollen. Nur deshalb sollte es später Leute geben, die an unserer Gipfelbesteigung gezweifelt haben.«

Felix und Peter machen Fotos: Felix mit der pakistanischen Flagge und dem Tiroler Wimpel, Peter mit dem ACE-Wimpel unseres kleinen Münchner Bergsteiger-Stammtisches. Gert Mändl und ich waren zu dieser Stunde noch voller Hoffnung, den Wimpel am nächsten Tag nochmals zum Gipfel tragen zu können, ebenso Werner Haim den Tiroler Wimpel. Die Hoffnung aller in der Mannschaft war der Gipfelsieg, und diese Hoffnung war es, die uns verband. Was aber die Bedeutung des Gipfels für jeden Einzelnen anbetraf, so gab es unterschiedliche Erwartungen, ja trennten uns zum Teil Welten.

Die späte Stunde mahnte zum schnellen Aufbruch. Felix und Peter stiegen zur Südspitze ab und richteten sich noch in relativer Gipfelnähe auf 8.000 m für die Nacht ein, da sie dort eine geschützte Mulde in etwas flacherem Gelände fanden. Jeder führte ein aufblasbares Sitzkissen mit sich. Sie zogen sich den Biwaksack über, einen rechteckigen Perlonsack, nach unten offen und mit einem kleinen Luftschlitz an der oberen Seite. Dann legten sie die Schuhe ab, massierten die Füße, falteten über die Socken eine Aluminiumfolie und zogen anschließend darüber die Innenschuhe an. Und weil die Welt so gerne von Weltrekorden hört: Beiden gelang die erste »Gesamtzehen-Besteigung« des Nanga Parbat, ein treffendes Unwort für die farcenreiche Rekordsucht unserer Zeit. Sie waren tatsächlich die Ersten, die ohne schwerste Erfrierungen und spätere Amputationen davonkamen.

Die Überschreitung

In der Nacht zuvor: Günther baute laut Reinhold im Biwak rapide ab. Irgendwann war er angeblich so apathisch, dass Reinhold seine Verfassung auch entsprechend ernst einschätzte. Günther rührte sich kaum noch, konnte aber seinen Bruder noch verstehen, wenn dieser zu ihm sprach. Nach Reinholds Schilderung befand sich Günther also schon in einer weit fortgeschrittenen, lebensbedrohenden Phase der Höhenkrankheit. Diese Situation spielte sich nachts und am frühen Morgen ab. In der Todeszone gibt es infolge des verminderten atmosphärischen Drucks nur rapiden körperlichen Abbau, keinerlei Regeneration. Es wurde 10 Uhr, wieder waren viele Stunden verstrichen und mit jeder Minute schritt Günthers Kräfteverlust fort.

Was veranlasste Reinhold, Felix zuzurufen: »Ja, alles in Ordnung!« Was soll man darüber denken? War Günther schon tot oder erwachte er wie Phönix aus der Asche? Wie auch immer, die Situation musste derart »in Ordnung« gewesen sein, dass innerhalb der nächsten Stunde von ihm kein nochmaliger Kontakt zu den Rastenden hergestellt zu werden brauchte.

Nehmen wir an, Phönix stieg aus der Asche: Günther stand also wieder auf den Beinen und fühlte sich gut genug, über 3.000 Meter Steilwand abzuklettern. Jetzt verfiel angeblich plötzlich Reinhold in einen höhenhalluzinatorischen Schreikrampf, aus dem ihn diesmal der Bruder in die Wirklichkeit zurückholen musste – wahre Dramatik oder Dramaturgie?

Gegen 11 Uhr, also erst sieben Stunden nach Tagesanbruch und eine Stunde nach dem Rufkontakt, begannen sie laut Reinhold ihren Abstieg, zur gleichen Stunde setzten auch Felix und Peter nach ihrer Rast den Weg zum Gipfel fort.

Reinhold Messner schildert zu ihrem Abstieg auf der Diamirseite noch innerhalb der Todeszone Folgendes: »Tief unter uns entlädt sich jetzt ein heftiges Gewitter ... Jetzt beginnt es aus heiterem Himmel zu graupeln, dann sogar zu hageln ... der Abgrund vor uns ist wie ein dunkles Loch ... Mehr als dreitausend Meter bricht die Wand unter uns ins Diamirtal ab ... Jeder Schritt, jeder Griff muss sitzen. Ein Fehler würde jetzt genügen, ein einziger Fehler ... blanke Eiswand mit eingelagerten Felsinseln ... die Frontalzacken der Steigeisen im blanken Eis dringen nur einige Millimeter tief in die glasig harte Fläche ... An Steigeisen und Pickel hängt jetzt unser gesamtes Gewicht.«

Und alles ohne Seilsicherung. Eine fast unglaubliche Leistung, die da in der Todeszone vollbracht wurde, und das mit einem kurz vorher noch mehr toten als lebendigen Bruder!

Die widersprüchlichen Schilderungen über Günthers Zustand und spätere Leistung sprechen sich selber Hohn – und schmerzen. Denn es geht um einen Menschen, der höchstwahrscheinlich unter anderen Umständen umkam, als sein Bruder es über drei Jahrzehnte behauptet hat, um einen Gefährten, den man gut kannte, um einen Bergfreund, mit dem man auch nach dieser Expedition noch liebend gerne Touren gemacht hätte, und es geht um eine Familie, die ihn gerne wieder in die Arme geschlossen hätte.

Lassen wir jeglichen Wunderglauben beiseite und stellen uns Günthers physischen und psychischen Zustand vor, beziehen dabei auch die heutigen Erfahrungen über Höhenkrankheit in der Todeszone mit ein: Dann erscheint es so gut wie ausgeschlossen, dass ein Mensch sich in dieser Höhe so weit wieder erholen könnte, dass er im Stande wäre, über 3.000 Meter die Diamirflanke mit ihrer Steilheit und Unübersichtlichkeit, den Fels- und Eisabbrüchen ins Bodenlose, die lange Querungen in unbekanntes Steilgelände und Spaltenübergänge nötig machen, abzusteigen. Ja, alle Sachverhalte und auch Reinholds Aussagen weisen vielmehr darauf hin, dass Günther – falls er überhaupt mit im Biwak war – nie über den Biwakplatz hinauskam. Zwischen dem Gipfel und dem Biwak nahe der Merkl-Scharte muss sich etwas ereignet haben, dessen Geheimnis nur Reinhold kennt, auch wenn er selbst vielleicht wirklich nicht weiß, wo genau sein Bruder Günther umkam. Die Widersprüchlichkeit seiner Aussagen und der Gegensatz, in dem sie zur gegebenen dramatischen Situation stehen, nehmen diesen jede Glaubwürdigkeit.

In vielen seiner Bücher, in hunderten von Vorträgen, Zeitungs- und Fernsehinterviews verbreitet er unterschiedliche, fragwürdige und sich widersprechende Darstellungen – vom Zusammentreffen mit seinem Bruder über die Umstände und Geschehnisse im oberen Gipfelbereich bis zu Günthers Tod. Wir übrigen Mannschaftsmitglieder sind überzeugt, dass sich Reinhold einerseits verständlicherweise große Selbstvorwürfe macht, sich andererseits auf seine jeweiligen Versionen des gemeinsamen Abstiegs und der späteren Lawine wie auf eine fixe Idee versteift. Wenn er sich heute davon distanziert, bleibt er für immer unglaubwürdig.

Reinhold dazu: »Wenn mein Bruder da oben gestorben wäre, dann hätte ich das erzählen können. Auch wenn ich meinen Bruder zurückgelassen hätte, weil keine Hoffnung mehr bestand ihn herunterzubringen, dann wäre auch das legitim.« Damit hat er zwar grundsätzlich Recht, aber es macht seinen Entschluss, in eine vollkommen unbekannte Bergseite abzusteigen, nicht einleuchtender. »Ich stehe eindeutig zu meinem elitären Tun ... für meine Ziele setze ich alles ein, alles. Denn nur haarscharf zwischen Selbstverschwendung und Selbstzerstörung bin ich lebensfähig«, sagt er 32 Jahre nach dem Tod seines Bruders und – geradezu flapsig – »Ich übernehme die Gesamtverantwortung, was soll's.«

Das klingt für mich nach leerer Worthülse, die er beim nächsten Interview schon wieder hinter sich wirft. Damals jedenfalls schob er alles auf Herrligkoffer und klagte ihn aufgrund der irrtümlich abgeschossenen roten Rakete wegen fahrlässiger Tötung seines Bruders an.

Aber was könnte sich zwischen Gipfel und erstem Biwak noch abgespielt haben? Dreierlei Geschehensabläufe scheinen mir dabei nach reiflicher Überlegung denkbar.

Erste Version:

Die beiden Brüder beginnen gemeinsam den Abstieg über die Diamirseite. Der erschöpfte Günther stürzt ab. Von einem Absturz berichtete Reinhold anscheinend im Jahr 1990 dem Journalisten André Müller von der Wochenzeitung »Die Zeit«. Heute streitet er dies ab und nennt den Journalisten einen »Weltmeister im Verfälschen von Aussagen«. Rechtlichen Einspruch hat er damals gegen den Artikel nicht erhoben: »Ich hätte klagen sollen. Aber mir ist das zu umständlich – wer ist André Müller?«

Reinhold war vom Absturz des Bruders traumatisiert, erlebte eine schreckliche Nacht und hoffte jetzt auf die Hilfe des aufsteigenden Gipfelteams, um zur Aufstiegsspur und somit zur Rupalwand zurückzukommen. Als er sich dem Erzrivalen Felix Kuen gegenüber sah, wachte er aus seinem Schock auf. Nur Felix nicht um Hilfe bitten! Nach anfänglichem Zögern entschloss er sich, den eingeschlagenen Weg über die Diamirseite weiterzuverfolgen, also die Überschreitung des Nanga Parbat. Durch Günthers Absturz gingen auch die 6x6-Kamera und die Filme verloren.

Zweite Version – die aus meiner Sicht allerdings am wenigsten wahrscheinliche:
Der höhenkranke Günther kam noch bis zum Biwakplatz, überlebte aber die Nacht nicht. Günther starb vielleicht erst kurz vor dem Eintreffen von Felix, womit sich die Situation schlagartig veränderte. Nun machte kein Ruf nach Hilfe und einem Seil, um Günther zu retten, mehr Sinn! Auch wenn Günther schon in der Nacht gestorben wäre, hätte sich in der Dramatik um den Tod des Bruders die gleiche Situation wie oben ergeben: Reinhold wollte für sich keine Hilfe von Felix annehmen. Aber wo blieben Kamera und Filme?

Die dritte Hypothese ist für mich die wahrscheinlichste, und sie würde Reinhold auch am meisten entlasten. Wenn ich alle Fakten in der richtigen Abfolge des Geschehens aneinanderfüge, greifen sie in dieser Version wie Zahnräder ineinander und ergeben ein vollständiges Situationsbild:
Günther war zwar erschöpft, aber nicht höhenkrank und wollte vom Gipfel aus lieber wieder in Richtung Rupalwand, eventuell auch auf demselben Weg, den am nächsten Tag Felix und Peter wählten. Das Wetter war gut; somit konnte er sowohl davon ausgehen, dass Felix und Peter in der Nacht aufsteigen würden, als auch, dass die Merkl-Rinne hinter ihnen mit Seilen versichert werden würde.

Reinhold dagegen entschied sich, den Berg zu überschreiten, und stieg zur Merkl-Scharte ab. Wenn Günther kurz vor dem »Götterquergang« biwakiert hätte, hätten die Brüder genau dort in Sichtverbindung und Rufkontakt treten können, wo am nächsten Tag tatsächlich der Austausch zwischen Reinhold und Felix stattfinden sollte. Günther hätte bis zu diesem Punkt keine größeren Schwierigkeiten zu erwarten gehabt. Doch Günther stürzte auf dem Weg dorthin noch auf der Diamirseite ab.

Reinhold kam gut bis zur Scharte, doch wo blieb Günther? Nur zwei Hoffnungen gab es noch für ihn: Günther hatte es entweder vor Einbruch der Nacht nicht mehr bis zum verabredeten Punkt geschafft oder er war zu weit abgestiegen, so dass keine Rufverbindung mehr zu ihm bestand. Reinhold verbrachte eine schreckliche Nacht, in großer Sorge um den Bruder. Deshalb brach er auch nicht im ersten Tageslicht auf, sondern wartete, ob Günther von oben abstieg. Reinhold rief nach ihm; nach Felix und Peter brauchte er um 6 Uhr noch nicht zu rufen, denn sie hätten erst wesentlich später in Rufweite kommen können.

8 Uhr, 9 Uhr, Günther trifft noch immer nicht ein. Jetzt bleibt nur noch eine kleine Hoffnung: Der Bruder ist möglicherweise zu weit abgestiegen. Felix und Peter müssten ihm dann begegnet sein.

Ungefähr um 10 Uhr nähern sich endlich Kuen und Scholz, aber die erste Frage von Felix ist: »Wart ihr am Gipfel?« Damit weiß Reinhold, dass sie Günther nicht begegnet sind und in ihm erlischt auch dieser Hoffnungsfunke. Er sagt zu Felix, sie sollen nicht rechts vom Südgipfel gehen, sondern links, diese Route sei kürzer und einfacher. Glimmt in ihm vielleicht doch noch die winzige Hoffnung, dass sie dort auf Günther treffen könnten?

Er kann nun davon ausgehen, dass der Bruder verschollen ist, und er weiß auch, dass er sich später dafür rechtfertigen und die Fragen beantworten muss: Weshalb hat er seinen erschöpften Bruder allein absteigen lassen? Warum befand er sich im Abstieg auf dem Weg zur Diamirseite?

Noch zögert Reinhold. Was tun? Nochmals ruft er dem weitergehenden Felix etwas zu, verlangt aber laut Felix wiederum keine Hilfe, sondern teilt nur seine Absicht mit, über die andere Seite abzusteigen und dann wieder irgendwie zum Basislager zu kommen.

Der Abstieg über die Diamirseite versprach ihm Ruhm, und die von ihm dargestellte Szenerie verschaffte ihm – zumindest im Nachhinein – eine Rechtfertigung für die Überschreitung, wenn auch eine sehr dürftige: Wenn Günther »offiziell« erst am Wandfuß der Diamirseite umkam, dann wäre ja die Entscheidung zum Diamir-Abstieg aus der Not heraus zumindest auf den ersten Blick als vertretbar erschienen.

Diese Version würde jedenfalls verständlich machen, weshalb Günther nicht mehr gesehen wurde und Reinhold weder die Kamera noch die Filme hatte. Auch würde sie erklären, warum er uns, als er nach einer Woche wieder bei der Mannschaft eintraf, als Erstes aufgewühlt die Frage zurief: »Wo ist Günther?« Hat er gehofft, Felix und Peter hätten Günther doch noch getroffen und ihm beim Abstieg geholfen?

Die Merkl-Rinne war also in ihrem schwierigen Teil von uns versichert worden. Es war für Gert, Werner und mich ein gutes Gefühl zu wissen, dass wir am nächsten Tag mit leichtem Gepäck und gesichert den schwierigen Teil des Gipfelanstiegs hinter uns bringen könnten, jetzt brauchte nur noch das Wetter mitzuspielen. Die angebrachten Fixseile halfen uns beim Abstieg sehr, dennoch war jeder gewonnene Meter extrem anstrengend. Wir nahmen nochmals alle Kräfte zusammen, um so schnell wie möglich aus der Rinne zu kommen. Immer mehr Geschosse wirbelten im weiten, freien Flug auf uns zu, und wir konnten nichts anderes tun, als uns flach an die Wand zu lehnen und zu hoffen; ein Ausweichen war nicht möglich. Bei nahen Einschlägen roch es nach Schwefel, wir bemerkten das, obwohl wir fast nur über den Mund hecheln konnten. Wir selbst lösten natürlich auch »Munition« aus, teils mit den Füßen, teils mit den gespannten Seilen. Einer von uns stieg immer 20 bis 30 Meter vor, dann stieg der nächste nach, denn es durfte nur immer ein Mann die dünnen Fixseile und die Haken belasten. Am Ende der Seile hatte der Schnee inzwischen so aufgefirnt, dass wir vorwärts und damit rascher absteigen konnten, um so bald aus der Falllinie des Eis- und Steinschlags queren zu können.

Wir rasteten noch gut zwei Stunden auf Lager V und gingen dann weiter zu Lager IV, das wir noch vor Dunkelheit erreichten. Die Brüder waren noch nicht zurück, aber sie würden diesmal, so dachten wir, relativ bequem auf Lager V schlafen können. Ernste Gedanken machten wir uns noch nicht um sie, da es tagsüber sehr warm gewesen war und wir uns sagten, dass Reinhold und Günther bestimmt immer wieder größere Pausen machten, um ihre Kräfte einzuteilen. Sie hatten ja auch noch einige Stunden Tageslicht gehabt. Und so funkten wir abends um 20 Uhr ein »Okay« ins Basislager. Dann nichts wie rein in die Schlafsäcke, ohne noch etwas zu essen und zu trinken, denn wir starben fast vor Müdigkeit. »Wie mag es Peter und Felix im Biwak gehen?«, war mein letzter Gedanke beim Hinübergleiten in einen totenähnlichen Schlaf.

Noch mehr Widersprüche

Um Mitternacht beginnen laut Reinhold die Messners mit dem zweiten Biwak, irgendwo an der oberen Mummery-Rippe. »Lagerfeuer im Basislager«, heißt es bei Reinhold. »Es ist Nacht. Wie Schatten stehen Menschen um ein Feuer. Die Stimmung ist gedrückt. Nein, wir versuchen nicht, uns vorzustellen, was die anderen tun. Wir sind nur noch mit dem Überleben beschäftigt, allein gelassen in unserem Verlorensein.«

»Allein gelassen in unserem Verlorensein«, das klingt fast nach Lyrik. Was wir alle wohl gerade denken und treiben mochten da unten im Basislager am Feuer in dumpfer Untätigkeit? Spielte vielleicht gar Peter Scholz auf seiner Mundharmonika? Im Licht der Wirklichkeit sieht die Sache anders aus, wird der kalte Hauch spürbar, den diese Biwakgeschichte umweht.

Abgesehen davon, dass man von der anderen Seite des Berges das Basislager natürlich nicht sehen kann, wusste und weiß Reinhold ganz genau, dass sich die gesamte Bergmannschaft in der Wand befand. Felix und Peter saßen auf 8.000 m im Biwak und kämpften ums Überleben. Werner, Gert und ich standen im Lager IV in den Startblöcken, um auf den Gipfel zu gehen, wir warteten nur noch auf die Brüder Messner. Auch Kameramann Gerhard Baur war auf Lager IV und wollte dort auf die zurückkehrenden Gipfelmannschaften warten. Der Rest der Mannschaft schlief friedlich in den unteren Lagern, denn bis auf Felix und Peter wusste ja noch keine Seele, dass sich die Messners auf der anderen Bergseite befanden. Und wenn wir uns jetzt auch noch Günther aus dieser Szene wegdenken, anstatt uns weiter an die Schilderungen Reinholds zu halten, kämen wir der Wahrheit eventuell ein gutes Stück näher.

In derselben Nacht zur gleichen Stunde: Felix und Peter versuchen, nicht einzuschlafen, um nicht zu erfrieren. In einer solchen Biwaknacht tut man vor allem vier Dinge: Dösen, zittern, Sekunden zählen, hoffen. Ohne eine enorme mentale Stärke ließe sich eine Nacht auf 8.000 m und bei vielleicht 30 Grad minus nicht überleben. Doch sogar in dieser Situation ist man sich bewusst: Der Tod ist keine Alternative zum Leben, er wäre wie schwarzer Schnee!

In Reinholds Schilderungen ist alles fein gesponnen in seiner Wechselwirkung aus scheinbarer Harmlosigkeit und nachhaltiger Aussage der Worte. Hier wird ja nicht nur eine x-beliebige Geschichte erzählt, sondern es teilt sich über den Duktus des Erzählens die emotionale Tönung des Erlebten dem Leser mit. Reinhold macht es sich insofern mit seiner Schilderung etwas zu leicht: Er schreibt eine romanhafte Selbstdarstellung, verschiebt Fakten und Zeitabläufe, erfindet dazu Bilder und Traumgeschichten, dramatisiert spannend seine Erlebnisse, und das alles, wie es eben in sein Konzept passt.

In der dramatischen Abstiegsschilderung seines Buches »Der Nackte Berg« wirbt Reinhold Messner fortwährend um einen Mitleidsbonus. Sehr geschickt und aussagekräftig baut er dazu seine Halluzinationen ein und diagnostiziert bei sich selbst während des größten Teils des Abstiegs über die Diamirflanke in sehr überzeugender Weise typische Symptome einer Persönlichkeitsspaltung.

Er spricht offenbar grundsätzlich gerne über seine ihn seit damals begleitenden schizophrenen Zustände, ja heftet sich diesen Wahn, diese Sinnestäuschungen und Denkstörungen wie Orden an die Brust. Seine eindrucksvollste Seelenspaltung, in der das Bewusstsein in zwei nebeneinander existierende Teile zerfiel, erlebte er auf diesem Abstieg in der Diamirflanke. Wie viel Realitätsbezug kann ein in einer derartigen Ausnahmesituation wurzelnder Bericht für sich beanspruchen? Da agiert ein zweites Ich ganz real, und es tritt offenbar immer dann in den Vordergrund, wenn die Situation zu brenzlig wird. Wird Reinhold einer Falschaussage überführt, dann führt er sie selbst natürlich auf diesen anderen zurück. Will Reinhold bei seinem Publikum eine falsche Emotion wecken, lässt er den anderen zu Wort kommen, jenes nicht greifbare, anonyme Subjekt seiner Vorstellungswelt.

Es stellt sich nun die Frage: Wie sollen wir Betroffenen reagieren, wenn Reinholds letzte Anschuldigungen gegen uns nun auch dieser Schizophrenie entspringen? Wer kann unser Ansprechpartner sein? Habe ich meinen offenen Brief an ihn an den falschen Adressaten geschickt? Oder ist diese Schizophrenie vielleicht nur eine Taktik?

Die Eislawine

Zurück zum Abstieg: In seinem Buch »Die rote Rakete am Nanga Parbat« waren die Brüder laut Reinhold schon fast unten, da lässt er Günther sagen: »Du ... weißt du ... wir haben eine Erstbegehung gemacht ... Eine Erstbegehung auch im Abstieg. Überschreitung des Nanga Parbat ... das wird mir erst jetzt klar ... weißt du ... erst jetzt wird mir das klar, jetzt, da wir heraußen sind.« Welche Neuigkeit, da muss Reinhold aber große Augen gemacht haben!

In einer weiteren Beschreibung fehlt dann doch noch etwas, denn hier kommt es in Reinholds Darstellung zu einem unerklärlichen Zeitsprung. Obwohl sie ja bereits fast unten waren, ist Reinhold Günther plötzlich angeblich eineinhalb Stunden voraus.

In der Neuüberarbeitung »Der Nackte Berg« sind diese Schilderungen natürlich so nicht mehr enthalten. Wie dem auch sei: Noch vor Sonnenaufgang wollten sie in beiden Büchern ganz unten sein.

Reinhold, der sonst mit jedem Gramm Gewicht geizt, der sogar Streichhölzer des Gewichts wegen abbricht, lässt aber auch in »Der Nackte Berg« den erschöpften Bruder, der nicht mehr mithalten kann, die schwere 6×6-Kamera tragen. Reinhold dazu im Jahr 2002: »Mein Gott! Wir haben solche Kleinigkeiten nicht mehr bedacht.«

Und irgendwo soll dann eine Eislawine abgegangen sein, unter der sein Bruder gestorben sein soll. Ja, irgendwo starb er tatsächlich, der auch ein liebgewonnener Bergkamerad von uns war, doch was ist wirklich passiert?

Günther war mit seinem Bruder der sechste Mensch, der seinen Fuß auf den Gipfel des Nanga Parbat setzte, und er war der dreiunddreißigste Bergsteiger, der am Nanga Parbat, dem »deutschen Schicksalsberg«, sein Leben ließ.

Noch ahnt niemand die Tragödie

Die wärmende Sonne erreichte Felix und Peter erst spät, so dass sie steif vor Kälte aufbrechen mussten.

Felix litt unter Halluzinationen, zu lange hatten sie sich schon in der Todeszone aufgehalten. Er glaubte, eine große Gruppe japanischer Alpinisten den Aufstiegsweg hochkommen zu sehen, beschrieb sie sogar im Detail. Peter versuchte ihm diese Halluzination auszureden.

Ein solches Stadium kann sehr gefährlich werden: Als im Jahr 1962 Anderl Mannhardt, Toni Kinshofer und Sigi Löw vom Gipfel des Nanga Parbat abstiegen, wich Kinshofer ständig imaginären Tabakanpflanzungen aus. Sigi Löw sprach auch von einem Toboggan, also einem Schlitten. Es wird vermutet, dass sein späterer Absturz darauf zurückzuführen ist, dass er sich hinsetzte und anschob.

Felix und Peter wankten zu dem Platz, wo das deponierte Kletterseil lag. Vier Seillängen weiter trafen sie auf die von uns angebrachten Fixseile. Im weiteren Abstieg meinte Felix Anweisungen von Werner Haim zu hören. Auch Peter hatte leichte Halluzinationen. Unter Aufbietung aller Energien hielten sie einen Rest Realitätsbezug aufrecht. Felix schluckte als Aufputschmittel Pervitin, das die letzten Reserven aktiviert. Danach kommt der rapide Verfall.

Ich schlief auf Lager IV wie ein Toter. Erst gegen 10 Uhr erwachte ich wieder zum Leben und die alte Spannkraft war wieder da, woher, weiß ich nicht. Der fleißige Gert hatte schon einige Thermosflaschen mit Tee gefüllt, nur Werner weigerte sich noch, ins Leben zurückzukehren. Längst schien die Sonne und es wurde unangenehm heiß im Zelt.

Wir machten uns Gedanken: Wo und wie mochten wohl Peter und Felix die Nacht verbracht haben? Günther und Reinhold waren sicher auch erst mit der ersten Tageswärme aus den Schlafsäcken auf Lager V gekrochen und würden hoffentlich bald bei uns eintreffen. Sicher wollten sie heute noch nach Lager III absteigen. Dort würde Gerhard ihnen gut aufkochen, danach würde es für uns Zeit, ganz gemächlich zu Lager V aufzusteigen. Der Gipfel rief, und das Feuer in uns loderte!

Ein Schritt zu weit

Reinhold, der zerrissene »Vollender«, hat überlebt. Seine Leistung ist bahnbrechend. Er setzte damit einen neuen Meilenstein im Alpinismus, ja in der Himalayageschichte.

Doch nunmehr steuert seine Erzählung, in der die Akteure und Requisiten arrangiert werden, auf eine neue Botschaft hin. Sein Überleben wird zum Beweis dafür, dass er die Überschreitung des Nanga Parbat nie geplant hatte: »Mein Pech ist, dass ich es war, der zurückkam ... Es war nicht denkbar. Dass einer zurückkam, war ein Wunder. Das ist ja auch der Beweis dafür, dass es nicht geplant war.«

Eine etwas seltsame Logik. Wäre nicht eher sein Überleben ein Indiz dafür, dass es geplant war? Max von Kienlin äußert sich dazu: »Reinhold, du hast es ja überlebt! Reinhold, du hast deine Kräfte gar nicht falsch eingeschätzt! Die Situation war nur nicht für den Bruder präpariert.«

Gerhard Baur sagt zu dieser Überschreitungsgeschichte: »Es liest sich ja gut, was Reinhold schreibt. Aber von den sachlichen Zusammenhängen her kann seine Version nicht stimmen. Ich habe mich immer gefragt: Reinhold, warum beharrst du auf so einem Blödsinn!«

Herrligkoffer war kein Dummkopf, er konnte drei und drei durchaus zusammenzählen, und so war er stets davon überzeugt, dass sich Reinhold ohne Not für die Überschreitung entschieden hatte, und er sprach auch offen darüber, dass er Reinholds Darstellungen nicht glaubte. Wir alle hatten diese Zweifel, haben aber dazu geschwiegen; auf einige Gründe unseres lange währenden Schweigens bin ich schon an anderer Stelle eingegangen.

Seit unsere Darstellung in der Presse öffentlich wurde, fragen mich immer mehr Menschen, weshalb wir es geduldet haben, dass Reinhold Messner so lange die Öffentlichkeit irreführen konnte und auch nie mit seinem Teil der Verantwortung konfrontiert wurde. Jeder Mensch verteidigt gewöhnlich seine eigenen Verdrängungsmechanismen. Doch hier liegt der Fall anders. Was damals am Nanga Parbat geschah, stellte sich für uns ja keinesfalls als Delikt von Mord oder Totschlag dar, wenn meine Hypothese stimmen sollte, nicht einmal als »echte« unterlassene Hilfeleistung. Verantwortungsbewusstes Sicherheitsdenken trat aber offenbar in den Hintergrund. Die Offenlegung unserer Zweifel hätte jedoch letztlich niemandem etwas gebracht. Es hätte zwar ein von Herrligkoffer und der Öffentlichkeit verurteiltes Opfer gegeben, aber im Hintergrund auch eine Familie Messner, die damit wohl kaum fertig geworden wäre. Unser Schweigen war also weder in einer Art von Verdrängung des Geschehenen noch in bedingungsloser Solidarität gegenüber Reinhold begründet, zumal dieser uns dafür als Mensch zu wenig nahe stand.
Es war für uns deshalb nicht wichtig, wie widersprüchlich Reinhold die Expedition und den Tod seines Bruders öffentlich darstellte. Wäre die ganze Geschichte nicht so tragisch, wäre es sogar fast amüsant gewesen zu beobachten, wie die Geschichten ihre eigene Dynamik entwickelten und auch rhetorisch immer ausgefeilter wurden – und ich schließe gar nicht aus, dass er selbst daran glaubt. Wir kennen ihn als virtuosen Selbstdarsteller, leider zunehmend die Grenze zur Peinlichkeit überschreitend. Seine Lebensgestaltung wurde mehr und mehr von größenwahnsinnigen Vorstellungen geprägt, die sich alle um die Thematik von Macht, Ruhm und Geltungssucht ranken. Reinhold gesteht man einfach große Narrenfreiheit zu.

Wir erlebten ihn aber auch so nahe, dass wir hinter dieser Selbstdarstellung seine Unsicherheit erkannten, die uns den großen Demagogen Reinhold Messner zum Bedürftigen, eigentlich Bedauernswerten relativiert. Der Tod seines Bruders und die Umstände, die dazu führten, haben ihn zerbrochen, und sein kunstvoll aufgebautes Rechtfertigungsgebilde hat verhindert, dass er sich selbst wieder findet. Er ist ein Getriebener geworden. Beängstigend ist seine zunehmende Aggressivität. Früher war er nur ein »Wadlbeißer«, der einem ohne Warnung an die Hose ging. Heute legt er einen Stil des Umgangs an den Tag, wie man ihn sonst nur aus Wirtschaft und Politik kennt.

Was damals am Berg geschah, darüber wurde in all den Jahren auch nie zwischen einem anderen Mannschaftsmitglied und Reinhold gesprochen, dieses Thema war für beide Seiten ein Tabu. Heute setzt er das Wort Kameraden in Anführungszeichen, und sein Adlatus Horst Höfler schreibt an die Abendzeitung: »Nach dreißig Jahren Schweigens ... ließe sich das jetzige ›Outing‹ allenfalls als Ausbruch dreißigjähriger Missgunst deuten.« Fragt sich nur: Missgunst worauf?

Solange Reinhold die Mannschaft nicht diffamierte, hatte er alle Narrenfreiheit. Jetzt ist er einen großen Schritt zu weit gegangen! Er erhebt Anklagen, die dem Ruf der Mannschaft sowohl in ihrer Gesamtheit als auch in Bezug auf die einzelnen Mitglieder Schaden gebracht haben.

Wo sind die Brüder?

Am Nachmittag des 29. Juni werden wir doch sehr unruhig, weil die Messners noch immer nicht zurück sind. Dann hören wir plötzlich eine ferne Stimme: »Hallo Boys!« Vielleicht 100 Meter von uns entfernt sehen wir die Konturen zweier schwankender Gestalten auftauchen. Günther und Reinhold, endlich! Wir schlüpfen in die Überschuhe, greifen zu den Kameras und gehen ihnen entgegen.

Die Überraschung ist groß: Es sind Felix und Peter. Peter wirkt völlig ausgelaugt und Felix wie der Tod. Wir umarmen uns, mir kommen die Tränen und ich kann fast nichts mehr sehen. »Gebt uns die Rucksäcke, es ist bereits vorgekocht, nur noch ein paar Meter!« Beide lassen sich kraftlos auf eine Luftmatratze fallen, stützen den Kopf in die Hände und ringen nach Luft.

Wir hielten uns mit Fragen noch zurück, sie mussten sich zuerst fangen. Gert reichte ihnen heiße Suppenbrühe. Dann begannen sie zu reden. Sie hatten so gehofft, dass die Messners schon bei uns sein würden, dass sie sich die Überschreitung doch noch überlegt hätten. Es hätte ja auch die Möglichkeit gegeben, 200 Höhenmeter zur Südschul-

Felix Kuen nach der Rückkehr vom Gipfel

ter zurückzusteigen, um wieder zur Aufstiegsspur zu kommen. Sie wussten ja nichts von Günthers angeblichem Zustand, waren nur verwundert, dass er sich bei dem Rufkontakt nicht gezeigt hatte. Alle Details erzählten sie: Wie sie zum ersten Mal irgendwelche Rufe von oben hörten, vom Rufkontakt mit Reinhold, wie Felix ihm den Abstieg zur anderen Seite ausreden wollte, von der eigenen Gipfelbesteigung und von der unglaublichen Erschöpfung im Abstieg. Es sprudelte geradezu aus ihnen heraus. Immer und immer wieder erzählten sie die Geschichte. Wir stellten Fragen, waren selbst ganz aufgewühlt. Nachdem sie sich beruhigt hatten, brachte Werner das Funkgerät, bekam Kontakt mit Herrligkoffer und reichte dann das Gerät an Felix weiter, der es anschließend an Peter übergab. Wir drei empfanden das Funkgespräch als unglaublich emotional und waren davon sehr ergriffen. Einerseits war es von der Sorge um die Messners beherrscht, andererseits vom Triumph des Gipfelsieges – eine zwiespältige und zugleich zutiefst berührende Gefühlssituation, die keinen von uns gleichgültig lassen konnte. Werner und mir liefen die Tränen unter der Brille hervor. Ich war über Peters Gipfelgang so gerührt, dass ich ihm spontan 400 Tragemeter gut schrieb. Peter griff in die Anoraktasche und gab jedem einen Gipfelstein; den für meine Mutter wollte er ihr selbst überbringen.

Abbruch der Expedition

Am 29. Juni gegen 17 Uhr erfuhr also ein Teil der Mannschaft erstmals, dass die Brüder Messner aus eigenem Entschluss über die andere Bergseite abstiegen. Wer von Reinholds Plänen wusste, war nicht ganz so überrascht. Noch war nicht klar, ob sie tatsächlich die Diamirseite oder die Kinshofer-Route über den Westsattel gewählt hatten. Bei der Kinshofer-Route würden sie nahe dem Basislager herauskommen, mit der Wahl der Diamirseite aber über 100 Kilometer Talweg entfernt. Selbst wenn die Lawinenversion stimmen würde, wäre Günther zu diesem Zeitpunkt bereits rund zehn Stunden tot gewesen.

Ich übernahm dann von Peter das Funkgerät und sagte zu Herrligkoffer, wir würden zu Lager V gehen und am Morgen zum Gipfel aufsteigen. Vielleicht hatten die Messners den Irrsinn ihres Abstieges doch erkannt und konnten sich in die Merkl-Rinne zurückschlagen, dann könnten wir auch helfen.

Der Expeditionsleiter schrieb dazu in sein Tagebuch: »Zwei Kameraden sind seit ihrem Gipfelsieg vermisst. Nach der Rückkehr von Kuen und Scholz ins Lager IV bitten mich Mändl und Saler, ihrerseits zum Gipfel gehen zu dürfen. Ich schlage es ihnen rundweg ab. Ich will kein neues Risiko mehr. Die Sorge um die Messners überschattet alles. Vielleicht habe ich ungerecht entschieden. Denn Mändl und Saler haben sich gemeinsam mit Werner Haim bis auf wenige Stunden an den Gipfel herangearbeitet und Vortreffliches geleistet ... Gerade sie hätten sich einen Gipfelsieg sauer genug erarbeitet ... Ein nochmaliger lebensgefährdender Einsatz war nicht mehr zu verantworten.«

Herrligkoffer bestand darauf, dass die Expedition wegen den Messners sofort abgebrochen wird, schon am nächsten Morgen sollte die gesamte Mannschaft aus den Lagern abgezogen werden. Natürlich war mir klar: Wenn kein Lager mehr unter uns stehen bliebe, wäre es Wahnsinn, noch zum Gipfel zu gehen. Aus heutiger Sicht mag es naiv erscheinen, aber ich konnte nicht einsehen, dass man den Messners nicht wenigstens die geringe Chance ließ – und wenn sie noch so winzig sein mochte –, zumindest auf Lager V noch Hilfe anzutreffen, falls sie irgendwie in die Merkl-Rinne zurückkommen konnten. Vielleicht lagerten aber auch beide schon im Tal, freuten sich über das Schnippchen, das sie uns geschlagen hatten, und erholten sich von den Strapazen? Wir wussten ja nichts!

Mag uns Reinhold Messner auch wegen solch eines Denkens verlachen und da oben nur noch animalische Selbsterhaltungstriebe gelten lassen, nicht für jeden Menschen hört die Moral in der Todeszone auf. Hätte zum Beispiel Peter Habeler keine Moral gezeigt, dann würde Reinhold heute nicht mehr leben. Es war nämlich der erschöpfte Peter Habeler, der den schneeblinden Reinhold vom Mount Everest führte. Ich habe meine Zweifel, dass er das Gleiche getan hätte.

Auf Lager IV wird es platzmäßig sehr eng, deshalb ist Werner bereit, noch mit Gerhard Baur auf Lager III abzusteigen und auch die persönliche Ausrüstung seines erschöpften Freundes Felix zu tragen, damit dieser am nächsten Tag beim Abstieg entlastet ist.

Hans Saler am Teleport

Ich frage Gert, ob er bereit wäre, am nächsten Tag erneut in die Merkl-Rinne einzusteigen, um nach den Messners zu schauen. Gert sagt spontan Ja. Ich hänge mich wieder ans Funkgerät und sage zu Herrligkoffer ganz bestimmt, dass wir entgegen seinem Befehl nicht absteigen werden. Seine sinngemäße Antwort ist, dies sei dann unsere Sache, die Lager werden geräumt. Wenige Sätze später ist die Batterie des Funkgeräts leer, wir haben jetzt keine Verbindung mehr zu den anderen Lagern.

Die Suche beginnt

Wir alle waren aufgewühlt, und deswegen stiegen Gert und ich am Vorabend nicht mehr zu Lager V auf, sondern kümmerten uns um Felix und Peter. Wir kochten gemeinsam, jeder das, was er am besten konnte: Gert das Essen – viel gab es ja nicht mehr –, ich das Teewasser.
Peter und Felix bekommen gar nicht mit, dass wir beim ersten Tageslicht aufbrechen. Der Aufstieg zu Lager V ist zwar anstrengend, aber kein Vergleich zu der Qual zwei Tage vorher. Der Sonnenglast über dem Land, das Flimmern der Luft und die Stille ringsum geben unseren Schritten eine eigene Ruhe und Müdigkeit. Immer wieder denke ich daran, wo wir uns jetzt wohl befänden, wenn wir nach Plan um Mitternacht von Lager V weggemarschiert wären. Die Merkl-Rinne würden wir mit Hilfe der Fixseile schnell hinter uns gebracht haben, vielleicht gegen 6 Uhr. Wir hätten vier Stunden früher als Peter und Felix am Gipfel sein können und wären deshalb ziemlich sicher noch am gleichen Tag bis Lager V zurückgekehrt.

Jetzt aber waren wir unterwegs, um eventuell denen das Leben zu retten, von denen der Überlebende später behaupten wird, wir hätten nichts getan.

Das labile Biwakzelt in Lager V war zusammengefallen. Wir kehrten mit den Handschuhen den Schnee weg, und schon richtete sich das flexible Kunststoffgestänge wie von unsichtbarer Hand bewegt wieder auf. Aus Lager IV brachten wir noch die Not-Sauerstoffflasche mit, so dass wir nun zwei im Depot hatten. Weit am Horizont steht eine Wolkenfront, geschlossen und unbeweglich. Am Himmel sind merkwürdige, sichelförmig gekrümmte Wolken aufgezogen, die wie die Säbel einer Ehrengarde aussehen.

Seillänge um Seillänge arbeiten wir uns die Merkl-Rinne hoch. Durch die Fixseile fühlen wir uns sicher, doch die Anstrengung bleibt. Es ist warm geworden, somit werden auch die Hände nicht so schnell gefühllos und der Kontakt zum Fels ist intensiver. Der Stein- und Eisschlag ist weitaus geringer als vor einigen Tagen beim Abstieg. Doch ein einziger Treffer würde reichen! Vermutlich wurde das letzte »Bombardement« durch den starken Schneefall während des kurzen Gewittersturms

Gert Mändl in der Merkl-Rinne

ausgelöst. Da wir wegen des weichen Schnees selbst auch viel lostreten, sichern wir uns alle 20 bis 30 Meter nach. Immer wieder sind unsere Blicke nach oben gerichtet, wir rufen nach Reinhold und Günther und horchen nach Antwort – nichts.

Die Lage am frühen Morgen des 30. Juni: Gert und ich befanden uns auf dem Weg von Lager IV zu Lager V. Peter und Felix hatten sich in der Nacht etwas erholt und bereiteten sich darauf vor, zu Lager III abzusteigen. Auf allen Lagern herrschte Aufbruchstimmung, die Rucksäcke wurden nur mit der persönlichen und besonders teuren Ausrüstung bepackt, alles andere musste aus der Notsituation heraus zurückgelassen werden. Noch befand sich die gesamte Bergmannschaft in der Wand.

Im Basislager rotierte alles, jeder war mit mehreren Aufgaben gleichzeitig betraut und versuchte diesen nachzukommen. Schon am Vorabend waren Träger losgeschickt worden, um einen berittenen Boten zu finden. Dieser ritt noch in der Nacht los, um dem verantwortlichen Distrikt-APA eine schriftliche Botschaft zu übergeben. Captain Saqi bat darin, sofort über Funk den für das Diamirtal zuständigen Distrikt-APA in Chilas aufzufordern, eilig eine Suchmannschaft in das obere Diamirtal zu entsenden. Die Distrikt-APAs hatten nämlich nicht nur die oberste Verwaltungshoheit inne, sondern auch die Befehls- und sogar die Justizgewalt.

Wegen des schlechten Gesundheitszustands Herrligkoffers war schon vor Tagen ein Militärhubschrauber angefordert worden, auch er soll jetzt bei der Suche eingesetzt werden – aber wird er auch kommen?

Seit dem ersten Tageslicht waren Michl Anderl, Wolf Bitterling und der Hunza-Obmann Isah Khan unterwegs, um im hinteren Rupaltal einen Gegenhang zu besteigen, von wo aus sie guten Einblick in den Westsattel und besonders den Kinshofer-Weg hatten. Mit starken Ferngläsern suchten sie nach den Vermissten. Ein Hilfstrupp von Hochträgern stand bereit. Keiner wusste, auf welcher Seite die Messners wirklich abgestiegen waren; einiges sprach für den Kinshofer-Weg, denn Reinhold hatte zu Felix gesagt, sie würden ins Basislager zurückkehren, von der Diamirseite ist dies aber nicht möglich.

Reinhold schreibt: »Die Expeditionsteilnehmer sind sich uneins: Ein Abstieg über die Diamirseite scheint ohne Infrastruktur unmöglich.« Es geht aber nicht um das Vorhandensein jener Infrastruktur, darum, dass eine Wand mit Zelten und Fixseilen bestückt sein muss. Entscheidend ist vielmehr, ob jemand eine Wand dieser Dimension ausreichend studieren und sich auch einprägen konnte, um im Abstieg überhaupt eine Chance zu haben, durchzufinden – und Reinhold hat es mit seinem Überleben bewiesen.

Reinhold übernachtete noch oben auf der Hochweide. Die Nacht war kalt und er war jetzt froh über die ersten wärmenden Sonnenstrahlen. Er erwartete bereits hier Hilfe von der Mannschaft, doch alle waren noch in der Wand, das Basislager auf der anderen Seite des Berges über 100 Kilometer Talweg entfernt. Wer Hilfe braucht, erhofft diese natürlich, das kann man ihm nicht verdenken.

Später kennt er die Umstände, und dennoch schreibt er: »Im Basislager ist man besorgt, man erwägt Suchaktionen.« Er weiß, dass bereits konkrete Suchaktionen eingeleitet wurden. Ganz bewusst unterschlägt er auch, dass sein späterer Rücktransport zur Mannschaft durch die eingeleitete Suchaktion geschah. Weshalb stellt er solche Behauptungen auf?

Nachmittag des 30. Juni: Wir gehen nicht mehr ganz bis zum Ende der Fixseile. Unter einem überhängenden Felsen, wo wir vor Steinschlag geschützt sind, schlagen wir eine kleine Plattform aus. Nur zwei Schritte nach rechts, und wir sehen gut in den oberen Teil der Merkl-Rinne hinein. Rufen ... hämmern ... auf Antwort hören ... irgendwann bricht uns die Stimme.

Max von Kienlin ist einer der Ersten, der im Basislager eintrifft. Sofort erkundigt er sich, welche Rettungsaktionen bereits eingeleitet worden sind. Er ist natürlich sehr daran interessiert, dass für seine Freunde auch wirklich alles getan wird. Langsam tröpfeln immer mehr Bergsteiger mit übervollen Lasten im Lager ein. Alle fragen das Gleiche: Was wurde schon unternommen? Was kann für die Brüder getan werden? Die Stimmung ist gedrückt.

Inzwischen ist der berittene Bote wieder eingetroffen und bestätigt Captain Saqi die eingeleiteten Maßnahmen. Herrligkoffer ist wie üblich wortkarg, läuft wie ein eingesperrter Tiger im Kreis. Auch Michl Anderl und seine Leute kommen zurück, die Suche am Westsattel war ergebnislos. Also kommt nur noch das Diamirtal in Frage.

Herrligkoffer und Michl Anderl sollen auch über den Mazenopass diskutiert haben, wie man mir Jahre später erzählte, einen hochalpinen Übergang auf 5.358 m Höhe. Nur wenige von uns kannten ihn vom Namen her, keiner hatte eine Karte oder nur die leiseste Idee, wo sich ein Übergang finden ließe. Auch keiner der Hochträger und Hirten war je dort oben gewesen. Herrligkoffer wusste, dass sechs Jahre zuvor die Erkundungsmannschaft einer bayerischen Karakorum-Expedition allein bis zur Passhöhe schon drei Tage benötigte, mindestens einen weiteren Tag dann bis zur Diamirflanke. Ein Suchtrupp wäre unter günstigsten Verhältnissen frühestens am 4. Juli dort angekommen, einen Tag vorher traf Reinhold bereits wieder bei der Mannschaft ein. Darüber hinaus ging Herrligkoffer davon aus, dass seit vermutlich über 70 Jahren keine Expedition mehr den Mazenopass überquert hatte. Außerdem hätte Captain Saqi nie die Erlaubnis dazu ohne die Genehmigung höherer Regierungsstellen erteilt, da diese Seite noch direkt im Kriegsgebiet des Kaschmir-Konflikts lag. Selbst wenn ein Suchtrupp am 1. Juli aufgebrochen wäre, hätte er Reinhold Messner nicht mehr eingeholt, weil dieser auf der anderen Seite bereits in Richtung Industal unterwegs war und schon früher in einem Auto saß als jeder andere von der Expedition.

Trotzdem lässt Reinhold Messner den »Chronisten« Horst Höfler in der Herrligkoffer-Biografie die anklagende Frage stellen, »... warum aus der Expeditionsgruppe nicht ein paar Leute Manns genug gewesen waren, um als Suchtrupp über den Mazenopass auf die Diamirseite zu gehen«. Und weil der Eispickel schon kräftig geschwungen wurde, ergänzte Messner bei der Buchvorstellung der Biografie vor laufender Kamera: »... das war nicht ein Herrligkoffer-Fehler, sondern das war eher ein Fehler der Teilnehmer ...«

Dies ist eine wirkungsvolle Einstimmung, um später eine andere These als vermeintliches Faktum hinzustellen: »Die Mannschaft, die auf der anderen Seite des Berges war, hat mehr oder weniger entschieden, in gemeinsamen Diskussionen, die beiden sind tot, die sind im Gipfelbereich gestorben.« Mit einem Pickel allein um sich zu schlagen, genügt ihm aber nicht, er greift auch noch zu einem Eishammer: »Einige, älter als ich, hatten – ja – nichts dagegen, dass die beiden Messners nicht mehr auftauchten, und das ist die Tragödie.«

Wen er dabei genau meint, das bleibt im Zwielicht der Unterstellung. Sollen wir jetzt etwa anfangen zu spekulieren?

Kurz darauf geht er noch einen Schritt weiter und behauptet außerdem: »Alle meine Kollegen von damals wünschen mir den Tod.«

Auf diese Aussage angesprochen, verteidigt er sich: Nie habe er den Vorwurf unterlassener Hilfeleistung gegenüber der Mannschaft erhoben, oder: »Bei mir findet man keinen Satz über unterlassene Hilfeleistung«, und fast gleichlautend an anderer Stelle: »Ich erhebe keinerlei Vorwürfe, im Gegenteil.«

Ja, was denn nun?

Erfolglose Rückkehr

Unser Ausflug in die Merkl-Rinne blieb ergebnislos, wie es zu erwarten war, und doch wollten wir auch der geringsten Hoffnung noch eine Chance geben.

Schon bei den ersten Metern Abklettern fühlen wir uns erschöpft. Wir ermahnen uns gegenseitig, ja gut aufzupassen, jeden Schritt wohl überlegt zu setzen und die Kräfte einzuteilen. Wir schauen kaum mehr hoch. Wenn das Surren eines Steines zu hören ist, ziehen wir nur reflexartig den Kopf ein. »Wird uns schon nicht treffen!«, sagen wir uns. Auf Lager V rasten wir fast eine Stunde, obwohl wir wissen, dass wir dadurch in die Nacht hineinkommen werden und keine Lampe dabeihaben. Das schwere Seil lassen wir auf dem Lager zurück, denn wir werden es im Abstieg zu Lager IV nicht brauchen. Täppisch stapfen wir vorwärts, Schritt für Schritt, nicht viel schneller, als wir aufgestiegen sind. Das Gelände ist steil und anspruchsvoll. Es fällt immer schwerer, die Aufmerksamkeit für längere Zeit auf einen Punkt zu fokussieren, ganz bei sich und voll konzentriert zu bleiben. Die Gedanken driften weg, der Körper zeigt alle Anzeichen innerer Unruhe, die Fehlerquote steigt.

Bis gestern stand der Gipfel noch wie ein Leuchtturm vor uns, strahlend und hell; immer neue Energien waren in uns erwacht. Diese Kraft entsprang nicht den Muskeln und dem Blut, sondern der suggestiven Überzeugung, solcher Kräfte fähig zu sein. Jetzt sind wir dieser Vision beraubt, der Gipfel liegt nur noch hinter uns, das beflügelnde Feuer ist erloschen, allein eine schwache Glut glimmt noch, die uns weitertreibt.

Der Gipfel ist kein End- und Zielpunkt, er ist ein Durchgang, diese prägende Erfahrung machte ich schon in sehr jungen Jahren. Jetzt ist mir das aber kein großer Trost.

Wir kennen zu diesem Zeitpunkt noch keine Hintergründe, gehen davon aus, dass Reinhold und Günther im Besitz ihrer in diesen Höhen als »normal« zu bezeichnenden Kräfte den Abstieg antraten. Wir wissen um die unglaubliche Gefährlichkeit dieser Unternehmung, darin liegt unsere Angst begründet. Mit Günther erhöht sich das Risiko um 100 Prozent. Erst wenn die Messner-Brüder wieder auf die Mannschaft treffen, wird sich der erdrückende Schatten über der Expedition verflüchtigen.

Noch über 4.000 Meter schwieriger Abstieg liegen vor uns, wir werden vermutlich niemanden mehr antreffen, denn mit keinem von der Mannschaft hatten wir Funkverbindung, und der Abbruch der Expedition war in vollem Gang.

Es war unsere eigene Entscheidung, ich klage nicht, aber es bedrückt.

Und während ich noch zwischen Lager V und Lager IV an der ganzen Bergsteigerei zweifle, finde ich die Antwort auf die Frage: Weshalb Bergsteigen?

Vielleicht, weil es so völlig irrational ist. Wäre es vernünftig, könnten wir möglicherweise nicht die Energien aktivieren, hohe Berge zu besteigen, und dadurch wiederum bliebe uns ein großartiger Erlebnisbereich verschlossen. Zudem: Im Bemühen, einem Abenteuer unbedingt Sinnhaftigkeit verleihen zu wollen, zerstören wir sie oft! Wir überstanden hier teilweise übermenschliche Anstrengungen, aber es gab auch sehr gelöste Zeiten. Ja, erst das nahe Zusammenliegen von Erschöpfung und Gelöstheit macht ein Teil dessen aus, weshalb ich bald wieder hungrig nach den Bergen sein werde.

Jetzt freue ich mich auf das Danach. Das kommende Jahr möchte ich keinen großen Berg mehr angehen, ich will andere Polaritäten ausleben, nach neuen Ufern suchen, die es auch wert sind, mit seinem Leben einzustehen. »Wir wissen, wer wir sind, aber wir wissen nicht, wer wir sein können«, lässt Shakespeare seine Ophelia so treffend sagen. Ja, auch ich weiß noch nicht, wer ich sein könnte!

Aber auf ein viel näher liegendes Ziel freue ich mich plötzlich, und es macht mir den Gedanken an die 4.000 Meter Abstieg leichter: Ich ersehne den ersten großen Baum, will ihn umarmen und mein Ohr an ihn drücken. Schon in der Zeit, als ich noch auf Bäumen lebte, legte ich oft mein Ohr an sie und lauschte, wenn sie leise über den sanften Rhythmus vergehender Zeit sprachen. Man musste gut hinhören, denn alle Geheimnisse wurden nur geflüstert.

Der Himmel hängt wie ein grauer Sack über uns. Ein scharfer, aber viel zu warmer Wind kommt auf und presst uns die Anoraks an die Körper. Die sinkende Temperatur reicht nicht aus, den stark aufgefirnten Schnee durchzufrieren. Jeder Tritt hält für einen kurzen Moment, dann bricht der Fuß fast knietief durch. Alle zehn Schritte wechseln wir uns mit dem Spuren ab. Viel zu früh fällt die Dunkelheit ein. Aber die Lichtreflexion des Schnees ermöglicht zu sehen, wohin man den Fuß setzt. Der Rest ist schwarze, undurchdringliche Nacht. Unsere Körper sind die einzigen Wärmepunkte inmitten dieses Frostmeers. Wenn wir jetzt wenigstens das Bergseil hätten, dann könnte der Vorausgehende riskanter gehen und bräuchte nicht ständig in der Angst zu leben, beim nächsten Schritt ins Leere zu treten. Uns beschleicht die Angst, wir könnten das Lager nicht mehr finden.

Eher durch Glück als durch Orientierung stoßen wir schließlich doch auf die Zelte von Lager IV. Für die letzten 100 Höhenmeter haben wir rund drei Stunden gebraucht. Grausam der Gedanke, wir hätten vielleicht nur wenige Meter vom Zelt entfernt biwakieren müssen! Nur langsam, wie unter tausend Nadelstichen, kehrt im warmen Schlafsack das Blut in die Glieder zurück.

Draußen raunt der Wind, die Zeltwände knattern und wir fühlen uns in den Schlafsäcken so geborgen wie Küken unter dem Federkleid der Henne. Noch bis 1 Uhr morgens kochen wir lauwarme Suppe und Tee, um den Flüssigkeitsverlust auszugleichen.

Bis auf uns tröpfelte der Rest der Bergmannschaft am späten Nachmittag im Basislager ein, und jeder wollte natürlich sofort wissen: Was ist bereits getan worden, was können wir noch tun? Lange Diskussionen folgten. Max gab der Mannschaft eine Gesamtübersicht der Lage. Von offizieller Seite war alles eingeleitet, mehr konnte nur durch direkten Druck auf die Behörden in Gilgit erreicht werden. Im Basislager waren allen die Hände gebunden. Die Lösung hieß: Schnellstmöglicher Aufbruch!

Alle hofften selbstverständlich, dass die Messners ihre Überschreitung gut überstanden hatten und die ganze Aufregung umsonst wäre.

Am frühen Morgen des 1. Juli: Reinhold schleppt sich das obere Diamirtal hinunter, von keinem anderen Zwang getrieben als dem, einen Fuß vor den anderen zu setzen. Der Tod ist die intensivste Aufforderung, das Leben nicht aufzugeben. An einem Bach zieht er die Schuhe aus und muss zu seinem großen Schrecken feststellen, dass die Zehen blau sind – erfroren!

Mit einem letzten Stöhnen stemme ich mich in der Rupalwand aus dem Schlafsack. Heute Abend wird die Wand Vergangenheit sein! Das zu denken, ist leicht, aber begreifen kann ich es noch nicht. Der Wind hat zugenommen, zum Glück bläst er den Flugschnee, den er aufs Zelt geschaufelt hat, auch wieder fort. Schwere Feuchtigkeit liegt in der Luft und lässt den Nebel vorausahnen. Bei jedem Atemzug dringt sie uns in die überreizten Bronchien und verursacht Hustenreiz. Es ist erst 4.30 Uhr und das Thermometer zeigt nur minus 9 Grad an, das heißt, alle Sicherungsseile, die an Eisschrauben und Eishaken befestigt sind, können nur mit Vorbehalt benützt werden. Wir packen nur unsere persönlichen Sachen in den Rucksack, das ist schwer genug.

Da wir kein langes Bergseil mehr bei uns haben, müssen wir nun mehr oder weniger ungesichert gehen. Ich steige voraus, Gert etwa 40 bis 60 Meter über mir. Die Sicht beträgt keine 30 Meter, wir halten aber Rufkontakt. Der Wind reißt mich fast von den Beinen. Waagrecht schlagen Eiskörner auf mich ein und schon nach wenigen Minuten ist mein Gesicht gefühllos. Vor den Augen wabert ein weißer Schleier. Ständig sind die Brillengläser beschlagen, wir können sie aber nicht abnehmen, denn dann wären wir in kürzester Zeit schneeblind. Dort, wo die dünnen Sicherungsseile über Felsen laufen, ist zum Teil der äußere Mantel durchgeschabt. Wo immer es noch möglich ist, verknote ich sie wieder. Beim großen Überhang warte ich auf Gert. Inzwischen hat es angefangen zu schneien. Gert hat die gleiche Steigtechnik wie ich: Fünf Schritte, Brille putzen, fünf Schritte, Brille putzen.

Gert war so schlau, ein 20 Meter langes Sicherungsseil mitzunehmen. Meter für Meter arbeiteten wir uns weiter abwärts. Zwischendurch rissen die Wolken nach unten hin kurz auf und wir sahen das Basislager. Erst mittags erreichten wir Lager III, das war ein neuer Langsamkeitsrekord. Ein Zelt auf Lager III war bereits eingestürzt. Wir suchten nach einem Bergseil, konnten aber keines finden. Je tiefer wir kamen, um so mehr legte sich der Wind, und die Wolken lösten sich nach unten hin auf.

Ab Lager II hatten wir zumeist Sicht zum Basislager, da sich das schlechte Wetter mehr in der Höhe abspielte. Bis zu den Knien versanken wir im feuchtschweren Schnee, der nach jedem Schritt das Bein nur unter Anstrengung wieder frei gab, als wäre eine unsichtbare Last an die Füße geschmiedet. Irgendwo auf der Strecke entledigten wir uns dann der schweren, feuchten Schlafsäcke.

Lager I war vollkommen geräumt. Wir waren so erschöpft, dass wir keinen Schritt mehr weiter gegangen wären, wenn wir noch Schlafsäcke dabei gehabt hätten. Nach kurzer Pause nahmen wir unseren Weg wieder auf. Der Schnee begann nun nass und sulzig zu werden, beim Gehen schnauften wir nicht weniger als gestern auf 7.500 m Höhe. Es war unangenehm warm geworden. Wir warfen alles weg, was wir nicht mehr unbedingt brauchten, sogar die Rucksäcke. Nur noch eines wollten wir: Heil ins Basislager kommen. Mal spurte Gert, mal ich. Im Zickzack schlängelten wir uns zwischen den offenen Gletscherspalten hindurch.

Als Gert gerade sechs, acht Meter hinter mir in der Spur geht, ertönt plötzlich ein kurzer Schrei, ich drehe mich um – Gert ist verschwunden! Ich rufe und höre endlich seine Stimme. Die letzten Meter zum Spaltenloch robbe ich auf dem Bauch zurück, immer mit dem Eispickel vorsichtig den Schnee sondierend. Wir rufen uns ständig zu; Gert sagt, er sei okay. Dann sehe ich ihn. Er blutet an der Stirn. Welch unglaubliches Glück! Eine Schneebrücke hat ihn nach ein paar Metern Sturz gehalten, die Spaltenwände schießen beiderseits senkrecht nach unten und verlieren sich in schwarzer, bodenloser Tiefe. Wir haben kein Seil, und ich könnte auch nicht mehr die Kraft aufbringen, vom Basislager eine Rettungsmannschaft hochzuführen. Zehn Meter weiter links ist die Spalte nach oben hin offen, während sie direkt zu mir hoch zu breit ist, um spreizen zu können. Gert will versuchen, auf seiner Höhe zur Spaltenöffnung hinüberzuspreizen, weil ihm dort die Öffnung nach oben hin schmäler zu sein scheint. Als er sich einige Meter weiter bewegt hat, kann ich ihn nicht mehr sehen. Wird er die Kraft aufbringen herauszukommen? Das ist, als spreize man sich zwischen einen breiten Türrahmen ein, unter einem ein schwarzes, gähnendes Loch, und nun muss man in dieser Spreizstellung noch zehn Meter queren und dann emporsteigen. Nie darf der Druck auf die Seitenwände gemindert werden. Es werden für mich endlose zehn Minuten, dann erscheint ein Pickel über der Kante und kurz darauf kippt Gert mit dem Oberkörper auf die Oberfläche.

Wir rasten danach eine halbe Stunde, Gert hatte sich vollkommen verausgabt. Er versucht zu erbrechen, aber sein Magen ist leer. Schritt für Schritt quälen wir uns dann weiter abwärts, ich kann ihn jetzt auch nicht mehr spuren lassen. Noch zehn Minuten vor dem Basislager müssen wir eine Pause einlegen, um Kräfte für das letzte Stück zu sammeln. Seit unserem Aufbruch von Lager IV hinauf zur Merkl-Rinne sind wir schon 35 Stunden unterwegs, dazwischen haben wir nur drei Stunden geschlafen, sind dabei 800 Höhenmeter aufgestiegen bis weit in die Todeszone und 4.000 Meter in einer menschenleeren Wand wieder abgestiegen. Und nicht nur wir, sondern jeder von der Mannschaft wäre zu einer solchen Aktion bereit gewesen. Die Mannschaft habe nichts getan, weil sie entschied, die beiden wären tot, ist Reinholds Kommentar dazu.

Das Basislager einer Großexpedition abzubrechen, kommt einem Wohnungsumzug gleich. Mit neun Tonnen Gepäck waren wir angekommen, und es blieben immer noch einige Tonnen, die auch zurückgeschafft werden mussten. Es wurde sortiert, verpackt, gewogen, nummeriert. Herrligkoffer, Alice, Wolf Bitterling, Captain Saqi und Max konzentrierten sich auf alles, was mit dem Distrikt-APA in Astor zu tun hatte: die Suche nach den Brüdern und das Besorgen der Autos und Träger. Auf dem Weg nach Gilgit sollten gerade Sprengungen im Gange sein; diese mussten unbedingt gestoppt werden. Laufend waren Boten zwischen dem Basislager und Astor unterwegs. Und die eine große Frage lag lastend über allem: Gibt es Nachricht von Reinhold und Günther?

Im Diamirtal

Nach einem qualvollen Abstieg mit einigen Gegenanstiegen auf schotterigen Randmoränen, wo er einen Schwächeanfall bekam, erreichte Reinhold am Nachmittag eine Kuhweide mit einer Hütte. Dort traf er auf drei Männer, die ihm zu trinken und zu essen gaben und dann zu ihrem kleinen Dorf führten, wo er auch die Nacht verbrachte. Er wollte von ihnen erfahren, ob jemand von der anderen Seite des Berges gekommen sei, um nach ihm zu suchen.
In der Nacht versuchte ihm jemand seine Uhr zu stehlen, doch er bemerkte es rechtzeitig. Die Strümpfe aber waren verschwunden.
Sehr früh machte sich Reinhold wieder auf den Weg, einen jungen Burschen heuerte er als Führer an, der dafür als Lohn Kleidung bekommen sollte. Am frühen Vormittag erreichten sie den Ort Diamir, auch Ser genannt. Er fragte erneut, ob »Sahibs« durchgekommen seien, was sie verneinten, seit Jahren sei er der erste Fremde. »Verwundert«, so Messner selbst, »dass niemand von unserer Expedition dagewesen ist, fürchtete ich, die anderen könnten auf der Heimreise sein. Ich hatte

ja kein Geld dabei, kein Ticket, nichts. Auch keinen Ausweis, keinen Reisepass, nicht einmal eine Landkarte der Gegend.«
»Wie die Expeditionskameraden ins Diamirtal kommen sollen, frage ich mich nicht«, schreibt er an anderer Stelle. Er hätte bis heute mehr als dreißig Jahre Zeit gehabt, darauf eine vernünftige Antwort zu finden und einiges von seinen falschen Behauptungen und Anschuldigungen zu berichtigen!
Reinhold berichtet später über die steinzeitlichen Zustände der hier lebenden Menschen. Gleichzeitig wirft er dem Expeditionsleiter vor, dass dieser in den pakistanischen Zeitungen keine Vermisstenanzeige aufgegeben habe. Weit und breit gibt es in diesem Teil des Tals natürlich keine Zeitung.
Ein junger Bursche behandelte ihm die Zehen mit einem Heilkraut, dann durfte er sich ins Gebetshaus legen, um zu ruhen. Reinhold beschreibt auch, wie irgendwann plötzlich zwei Männer hereinkommen, einer davon hat einen teuflischen Gesichtsausdruck, der andere ein Gewehr. In seinem Buch »Die rote Rakete am Nanga Parbat« schildert er die Situation noch dramatischer, dort lächelt der neben Reinhold gefährlich, spielt mit seinem Gewehr. Reinhold fallen auf jeden Fall wieder die Leute ein, die hier in der Gegend einfach verschwunden sind. Umgebracht, hieß es, irgendwo in den Bergen verscharrt, von Chilas-Leuten ermordet.
Sein Gegenüber ist einer jener zwei Männer, die ihn dann am Nachmittag stundenlang auf dem Rücken tragen.

Der größte Teil der Träger ist eingetroffen. Träger und Lasten werden registriert, die Dorfobmänner sind wieder verantwortlich. Ein Teil des Gepäcks geht schon weg nach Astor.
Am Nachmittag findet die traditionelle Ehrung der Hunza-Hochträger statt, die wirklich alles getan haben, was in ihren Kräften stand. Natürlich gab es unter ihnen so manchen, der gerne mal krank spielte, aber wir dürfen in sie auch keine zu hohen Erwartungen setzen. Entsprechend ihrem Einsatz bekommen sie von Herrligkoffer Gold-, Silber- und Bronzeme-

daillen überreicht, für diese Menschen eine sehr hohe Auszeichnung, die ihnen einen hohen gesellschaftlichen Status in
ihren Dörfern einbringen wird. Der gute »Sepp«, den wir alle
so sehr ins Herz geschlossen haben, bekommt natürlich eine
goldene Auszeichnung, aber ich glaube, dass es ihn noch
mehr freute, wie wir ihn nachher alle an die Brust drückten.

Ein Jahr später kam Sepp bei einer Expedition ums Leben.
In seinem nächsten Leben wird er dem von uns verliehenen
alpenländischen Namen gerecht werden: Auf einem Berg-
bauernhof irgendwo zwischen Zugspitze und Karwendel, im
Wechselspiel von Licht und Schatten der bayerischen Alpen, wird er heranwachsen. Doch bald schon führt ihn seine grenzenlose Liebe und Sehnsucht zu den Bergen ins Hochgebirge Pakistans. Weil er sich mit den Menschen, die dort leben, sogleich verbunden fühlt, lässt er sich dort nieder und lernt schließlich im Laufe der Zeit, dass Hoffnung und Glaube, des Lebens Sinn und Ziel in aller Welt gemeinsame Wurzeln haben.

Mit sehr viel Selbsthingabe und Menschenliebe wird er aus dieser Erkenntnis als Brückenbauer zwischen den Kulturen hervorgehen.

Hidayat Shah, genannt »Sepp«

Wie es der Brauch ist, hängt der oberste Repräsentant der Pakistani, Captain Saqi, den beiden Gipfelbesteigern Felix und Peter Blumenkränze um den Hals. Eine große Feierlichkeit, wie sie die Hochträger eigentlich verdient hätten, kommt leider nicht auf, weil die Umstände einfach nicht danach sind.

Abschiedsszene am 2. Juli 1970

Felix Kuen schreibt in sein Tagebuch: »Unser Leiter, der Captain, die Träger und alle Anwesenden umarmen mich ... Erstmals wurde die höchste Steilwand der Erde, die 4.500 m hohe Rupal-Flanke, von sieben Bergsteigern durchstiegen. Vier davon erreichten sogar den Gipfel. Aber die Messners fehlen noch. Alles, was wir wissen, sind die Zurufe Reinholds vor zwei Tagen droben am Gipfelgrat, dass sie einen anderen Abstieg nehmen, aber auch, dass alles in Ordnung ist.«
Von Seiten der Hochträger schlägt uns eine so unglaubliche Welle der Herzlichkeit entgegen, dass wir dagegen wie begossene Pudel dastehen. Alles lieb gewonnene Weggefährten, die wir als »Durchreisende« hinter uns lassen. Unsere Kontakte werden zerrinnen wie die Heckwelle eines Schiffes, das einem neuen Horizont zustrebt. Vermutlich werden wir uns nie wieder sehen, aber wir werden uns auch nie ganz vergessen, und

jeder ist in dieser gemeinsam erlebten Zeit ein wenig gewachsen – im Unterbewussten vielleicht sogar Reinhold uns anderen Bergsteigern gegenüber, denn auch in ihm wird mit den tragischen Erlebnissen die Erinnerung an das existenzielle Miteinander innerlich stark nachwirken.

Noch bis spät in die Nacht hinein werden Lasten zusammengestellt. Auch das Frühstück wird vorbereitet, um am Morgen keine Zeit zu verlieren.

Am Nachmittag des 2. Juli brach Reinhold wieder auf. Es war heiß. Die zwei Männer trugen ihn abwechselnd auf dem Rücken, sie liefen barfuß. Wenn es steil aufwärts ging, stieg Reinhold selbstständig. Bei einem Einzelgehöft massierte ihm der Bauer eine Stunde die Beine und ließ ihm Tee bringen. Doch Reinhold wollte bald weiter. Das Gelände wurde schwieriger, sie mussten eine Schluchtwand queren. Endlich erreichten sie den etwas größeren Ort Diamiroi, wo sie auch nächtigten.

Rückmarsch

Schon am frühen Morgen des 3. Juli setzte sich unser Tross in Bewegung. Zwei Expeditionsteilnehmer waren bisher nicht vom Berg zurückgekehrt, das Verlassen des Basislagers hatte damit etwas Endgültiges, und die allgemeine Stimmung war dementsprechend gedrückt. Natürlich hofften wir noch auf ein Lebenszeichen, doch mit jedem Tag verringerte sich die Chance, sie jemals lebend wiederzusehen.

Normalerweise sind es bis Gilgit zwei Tagesreisen, aber wir wollten es an einem Tag schaffen. Unsere »Leader« hatten mit vollem Einsatz die Bedingungen dazu geschaffen, jetzt hing alles von Allahs Güte und der seiner Bodentruppen ab.

Der Abschied vom Berg fiel nicht nur schwer, er tat geradezu weh. Keine zehn Schritte, ohne den Blick zur Wand zurückzurichten. Viele von uns liefen ein Stück voraus, um dann wieder stehen zu bleiben und hinaufzuschauen. Wie lange hatten wir sie unmittelbar vor uns gehabt? Jetzt mussten wir uns dazu umdrehen. Für zwei Monate beherrschte sie unser ganzes Leben. Sie war für die meisten von uns nicht nur Kulisse einer egozentrischen Menschenwelt, wir wurden ein Teil von ihr. Für jeden mag der Nanga etwas anderes bedeutet haben, für mich war diese Zeit eines: Lebensbereicherung! In ihr habe ich zu keiner Stunde vergessen, was für mich wesentlich ist, was meine existenziellen Ziele und Sehnsüchte sind. Das Nanga-Parbat-Erlebnis hob mich auf eine ganz andere Denk- und Erfahrungsebene, auf der ich neue Facetten des eigenen Selbst erfuhr. Solange wir existieren, unterliegen wir der Unvermeidbarkeit des Schicksals, und diese spürten wir in dieser Wand mit jeder Faser unseres Seins.

Vor der Expedition waren wir eine wild zusammengewürfelte Mannschaft von Extrembergsteigern. Die daraus entstandene Kameradschaft entwickelte sich aus dem Vertrauen zueinander, nicht aus der Egozentrik des: »Ich selbst, ich allein will!« Und wenn Reinhold Kameradschaft nur als »heuchlerische Bergsteiger-Romantik« und als »Nazi-Klischee« sieht, wie er es kürzlich in einem Interview äußerte, dann hat er den Geist der Sache nicht erfasst, nur die Oberfläche. Die Erinnerung an den Berg verblasst, aber die zwischenmenschlichen Erlebnisse leben fort. Also bleibt ihm eigentlich nichts außer dem schlechten Gewissen um den toten Bruder.

Peter Scholz läuft vor mir. Ohne Vorwarnung springe ich ihm auf den Rücken, gebe ihm die Sporen. »Lauf, Pferdchen, lauf! Komm schon, alte Schindmähre, arbeite 350 Meter ab.« Hundert Meter will ich mir für ein schönes Füttern beim Mittagessen im Flashman's-Hotel in Rawalpindi aufheben.

Zwei Jahre später stehe ich an Peters Grab. Er war am vereisten Peutereygrat am Montblanc abgestürzt. Den Stein, den er mir damals vom Gipfel des Nanga Parbat mitgebracht hatte, gebe ich ihm zurück. Ich spüre, wie mir das Atmen schwer fällt, so wie einst ganz oben in der Rupalwand, wie die brennenden Tränen mir die Augen ertränken. Dann gebe ich der Traurigkeit nach, die wie eine Woge in mir aufsteigt, wehre mich nicht mehr. Gert Mändl steht neben mir, ihm geht es nicht besser. Und wieder ein halbes Jahr später wird derselbe Freundeskreis an dessen Grab stehen. Nur allmählich verschmerze ich den Verlust, überlagert der Alltag die Erinnerung. Im Münchner Freundeskreis klafft nach Peters Tod ein Loch, das sich bis heute nicht mehr geschlossen hat.

Noch immer keine Nachricht

Vier der hilfsbereiten Pakistani

Obwohl Reinhold in der Nacht vom 2. auf 3. Juli in dem Ort Diamiroi gut schlief, baute er stark ab, auch die Beine wollten nicht mehr. Zur Straße war es nicht mehr sehr weit. Er wies die Einheimischen schließlich an, für ihn eine Trage zu bauen. Sechs Mann machten sich dann mit ihm auf den Weg, wobei jeweils zwei ihn schleppten. Bei der Straße angekommen, nahm ihn zu guter Letzt ein pakistanischer APA-Offizier in seinem Jeep mit. Es war inzwischen Mittag geworden.

Etwa zur selben Stunde durchbrach hoch über unseren Köpfen ein lautes Knattern die Stille. Der schon vor vielen Tagen angeforderte Militärhubschrauber flog zum Basislager – zu spät! Und wir hatten keine Möglichkeit mehr, mit ihm Verbindung aufzunehmen. Die Pakistani sind zwar sehr hilfsbereit, aber die schwerfälligen Mühlen ihrer Bürokraten mahlen wirklich allzu langsam.

Rampur, 3. Juli, 15 Uhr. Als Letzte trifft Alice ein; sie hat sich schlimme Blasen gelaufen. Die aus Gilgit georderten Jeeps stehen bereit, auch wenn an einigen noch geschraubt wird. Wir treiben zur Eile. Eine halbe Stunde später setzt sich der erste Wagen in Bewegung. Als wir in Astor ankommen, haben die Dorfbewohner gerade erst begonnen, die Straße zum Dorfeingang mit Blumengirlanden für uns zu schmücken. Unsere Uhren gehen in der Tat sehr unterschiedlich! Auch hier liegt beim APA-Posten noch keine Nachricht aus Chilas über die Messners vor. Unter den Klängen einer Holzbläsergruppe rollen wir aus dem Dorf.

Wieder folgen wir auf den engen Straßen dem Lauf des ungestümen Indus, doch diesmal verführt mich sein Rauschen in eine Welt, die ich noch kennen lernen möchte. Zuvor aber, nehme ich mir fest vor, will ich den Fluss dort aufsuchen, wo er sich von den engen Bergtälern und Schluchten befreit und seine Reise bis zur Mündung so gemächlich fortsetzt wie ein Bergwanderer, der nach steilem Abstieg das Tal erreicht hat und den jetzt die Müdigkeit einholt – ganz so wie mich jetzt. Und ich will nicht früher seine Ufer verlassen, bis alle Sinneserfahrungen dieser Reise, dieser Wand als klare Empfindung hervortreten.

Ich weilte später lange an den Ufern des müden Indus, warf Steinchen in den Strom. Meine späteren Reisen waren wie jene Ringe auf der Wasserfläche. Sie breiteten sich aus, ohne dass ich eigentlich eine Ahnung hatte, wie es zuging, an dieser und jener Stätte zu landen. Gleichzeitig driftete ich auf dem Strom des Lebens dahin, ohne das Ziel der Reise zu kennen. Keine festgelegte Navigation, dafür achtete ich umso mehr auf das, was am Weg lag.

Unsere Fahrt auf den Jeeps gestaltet sich nicht unbedingt angenehmer als bei der Anreise. Zwischendrin machen wir für eine Teepause Halt, schmieren die vertrockneten Kehlen und drücken ein paar staubige Kekse runter. Seit 5 Uhr morgens hat keiner mehr etwas gegessen. Doch schon kurz darauf geht es wieder weiter.

Als es bereits dunkel ist, werden wir irgendwann von ein paar Leuten auf der Straße angehalten, einer von ihnen berichtet anscheinend von einem der Messners, der hier durchgekommen sein soll und jetzt mit einem Jeep auf dem Weg ins Hospital nach Gilgit sei. Helle Aufregung erfasst uns – schnell aufsteigen, nichts wie weiter! Jetzt sind die engen, abschüssigen Straßen plötzlich vergessen, die Fahrer sollen endlich aufs Gas drücken! Aber sie fahren eher noch langsamer, denn das Benzin wird knapp. Bergab lassen sie zum Teil die Autos mit abgestelltem Motor rollen. Danach jedes Mal die Frage: Springt der Wagen wieder an oder muss er mit einer Kurbel umständlich zum Leben erweckt werden? Die Nacht breitet ihren Mantel über das Land und wir haben noch ein ganzes Stück Weg bis Gilgit.

Das Zusammentreffen mit Reinhold

Wir springen von den Jeeps und rennen voraus. Reinhold fällt Max weinend um den Hals. »Wo ist Günther, wo ist Günther?«, fragt er Max, fragt er uns. Wir schauen uns alle nur wortlos an. Wie sollen wir es wissen, wenn er es nicht weiß? Ist Günther vielleicht doch alleine Richtung Rupalwand abgestiegen?

Laut Herrligkoffer berichtete ihm der APA-Chilas Huamar Beg, seine Leute hätten Messner verwirrt auf dem Weg zum Indus in dem Dorf Bunar vorgefunden, er sei durstig, hungrig und völlig erschöpft gewesen. Von da ab also befand sich Reinhold Messner unter der Betreuung der Leute des APA-Chilas, was er wahrscheinlich am liebsten verschweigen würde, weil es sich nicht in sein Konzept der unterlassenen Hilfeleistung einfügt. Sicher hätte Reinhold von den APA-Leuten früher gefunden werden können, doch in diesen Ländern hat man nicht alles im Griff. Wer reist – und das vor drei Jahrzehnten, noch dazu in einem Kriegsgebiet –, überlässt sich zwangsläufig derartigen Unwägbarkeiten.

Messner schreibt später in seinen Büchern, er sei wieder zur Expedition getroffen, als sich diese bereits auf der Heimfahrt befand. Wenn die »Heimfahrt« schon vom Gipfel aus begann, dann gebe ich ihm Recht. Zutreffender ist jedoch, dass die Expedition auf dem überstürzten Rückmarsch vom Basislager war, um von Gilgit aus mehr Einfluss auf die offiziellen Stellen ausüben zu können, um eine größere Suchexpedition loszuschicken, dafür eventuell doch noch einen Hubschrauber zu bekommen.

Herrligkoffer war vorausgefahren und durch Zufall wegen Straßensprengarbeiten genau an dem Rasthaus aufgehalten worden, in dem auch Reinhold wartete. Gemeinsam fuhren sie kurz darauf nach Aufhebung der Straßensperre nach Gilgit weiter. Reinhold wurde auf die offene Ladefläche des Jeeps gebettet und hatte noch eine unangenehme, stürmische Fahrt vor sich. Endlich in Gilgit angelangt, wo

Reinhold Messner am 4. Juli 1970

wir zunächst im »Doktorhaus« unterkamen, konnten auch Reinholds Zehen behandelt werden, die fürchterlich aussahen: Erfrierungen zweiten und dritten Grades, blau-rot-schwarze Verfärbung. Zumindest bis hierhin war für Reinhold der Abschnitt einer Odyssee zu Ende und jeder fühlte mit ihm.

Reinhold hatte sich am nächsten Tag schon wieder erstaunlich gut erholt. Wir alle wollten natürlich mehr über den Hergang des Unfalls, des Abstiegs und über seine Rückkehr wissen. Wir saßen am Vormittag auf der Terrasse des Gästehauses, auch Felix und Peter waren dabei. Reinhold redete, wie ein durstiger Mensch trinkt. Nachdenken und im jeweils richtigen Moment reden oder schweigen, war und ist seine Sache nicht. Die für uns damals belanglose Geschichte mit der roten Rakete war überhaupt kein Thema, sie war einfach zu unwichtig; der Wetterfrosch von Radio Peshawar saß doch ständig auf der falschen Sprosse seiner Leiter – auch wenn er in diesem Fall ausnahmsweise richtig gesessen war. Reinhold und Felix erzählten ihre jeweilige Version ihres Gesprächs oben am Berg zwischen der Merkl-Scharte und dem »Götterquergang«. Ihre Aussagen deckten sich erstaunlich gut, jeder hatte dort die Aussagen des anderen in den Grundzügen richtig verstanden und ausgelegt. Da fiel kein Wort von unterlassener Hilfeleistung und verhängnisvollen Missverständnissen. Auch die Eislawine, die später seinen Bruder verschüttet haben sollte, fand bei diesem Gespräch noch keinerlei Erwähnung. Reinhold sagte, er sei eben völlig am Ende gewesen, und wüsste einfach nicht, wo sein Bruder geblieben sei. Günther konnte theoretisch auch in eine Spalte gefallen oder im unübersichtlichen Gelände zusammengebrochen sein. Keiner von uns stellte diesbezüglich Fragen, kannten wir doch alle die zahlreichen Gefahren am Berg! Das Gespräch verlief im Übrigen in sehr kameradschaftlichem Geist. Zahlreiche Widersprüche waren freilich offensichtlich, doch keiner wollte Reinhold in seinem augenblicklichen Zustand in eine Ecke drängen. Einige machten sich allerdings über das Gespräch Notizen, besonders was die Rufverbindung in der Merkl-Rinne betraf, weshalb Reinhold später auch nicht die schriftlich festgehaltene Unterredung mit Felix abstreiten konnte, sondern in geradezu abenteuerlicher Weise seine eigenen Auslegungen relativieren musste.

Auch sein Freund Max von Kienlin sieht diese Widersprüche. Da er aber weiß, dass Herrligkoffer Reinhold in der Heimat durch den Fleischwolf drehen würde, versucht er diskret und einfühlsam für seinen emotional noch sehr labilen Freund eine runde, plausible Version herauszuarbeiten.

Max selbst konnte damals die Zusammenhänge, die sich zwischen 7.800 m und dem Gipfel abspielten, noch nicht voll erfassen, da er einerseits kein erfahrener Extrembergsteiger war und ihm andererseits noch wichtige Informationen fehlten. Für uns andere aber war es von vornherein unverständlich, weshalb Reinhold sich erst nach Tagen in zusammenhängender Weise äußerte. Zudem gab es gravierende Ungereimtheiten zu seinen Erzählungen der vorausgegangenen Tage. Max aber wollte ihm einfach nur beistehen: »Günther war nicht mehr am Leben, seines wollte ich retten und habe bedingungslos seine Perspektive übernommen und verbreitet. Es herrschte nonverbales Einvernehmen darüber, dass hier die Wahrheit umgangen werden musste.« Ein Jahr nach der Expedition zerbrach dann die Freundschaft zwischen Max und Reinhold und zurück blieb eine getrennte Familie.

Wir alle kannten Reinhold; er war damals, obwohl noch nicht an der Spitze der Bekanntheitsskala, einer der besten Kletterer seiner Zeit, aber bereits damals der Lauteste, Aggressivste, einer, der mit festen Erfolgsstrategien lebte. Wenn irgend möglich, meldete er sich in Alpinzeitschriften zu Wort. Sein Denken scheint ganz von Wettbewerb beherrscht, und so griff er die konservativen Strukturen in der Alpinwelt frontal an. Man muss ihm zugute halten, dass er frischen Wind speziell in das lange vor sich hindümpelnde Lager der deutschsprachigen Bergsteiger brachte. Sein Machtspiel um Gewinnen und Verlieren ist anscheinend tief in seiner Persönlichkeit verwurzelt, und er nimmt dabei auf keinen Rücksicht, der ihm im Wege steht. Jede Kritik bringt er mit seinen außergewöhnlichen alpinen Leistungen zum Schweigen. Selbst bei seinen Befürwortern, von denen es auch unter den Mannschaftsmitgliedern viele gab, wie zum Beispiel mich, blieb immer ein Rest von Skepsis. Zu auffällig drängte er sich nach vorne, zu wahllos buhlte er um Beachtung und allzu radikal räumte er mit seinen Kritikern auf – einer mit einem gnadenlosen Ego, selbstverliebt in die eigene Zukunft, in das, was aus ihm noch werden könnte. Und dann erfuhr er, dass sich mit Extremleistung, Selbstinszenierung, Machtspiel und Durchtriebenheit auch die große Bühne der öffentlichen Wirkung erobern ließ.

Die Freundschaft mit Max war für Reinhold attraktiv. Im Gegensatz zu ihm war Max weltmännisch, lebte in einem Schloss, verkehrte in gepflegten Gesellschaftskreisen, hatte Beziehungen – und Reinhold war geradezu hungrig nach Beziehungen zu Menschen mit Macht, Autorität und hohem Ansehen.

Weder für Max noch für uns war seinerzeit erkennbar, dass Reinhold schon von seinem Wesen her keine in unserem Sinne echte Kameradschaft oder gar Freundschaft schließen konnte. Für ihn gab es wohl auch damals schon nur Nutz-Gemeinschaften, Nutz-Freundschaften. Der nach dem alten Muster echter Freundschaft gestrickte Max hat seine sehr persönliche Erfahrung damit machen müssen.

Max lebte damals noch mit seiner zweiten Frau Uschi und den fünf Kindern in einem alten Schloss nahe Memmingen. Wenige Wochen nach der Rückkehr von Max hatte Uschi ihr drittes gemeinsames Kind bekommen. Nachdem Reinhold seine amputierten Zehen halbwegs auskuriert hatte, besuchte er Max, sie schmiedeten gemeinsame Expeditionspläne. Von der attraktiven Uschi, gebildet und belesen, war Reinhold fasziniert. Jedenfalls machte er ihr schon bald den Hof und die beiden begannen ein heimliches Liebesverhältnis. Die Besuche von Reinhold häuften sich. Inzwischen hatte er den Expeditionsleiter Herrligkoffer vor den Kadi geschleppt, mit der Begründung, dieser trage die Schuld am Tod seines Bruders – Herrligkoffer wird nicht schlecht gestaunt haben, dass dieses Mal jemand den Spieß umdrehte! Reinhold spielte unterdessen den großen Freund von Max und wenn es die Gelegenheit zuließ, traf er sich mit Uschi.

Exemplarisch für Reinhold ist die Kälte, mit der er diese Situation meisterte. Am Egoismus scheitern eben alle ethischen Grundsätze. Nach einiger Zeit schöpfte Max Verdacht, der sich zweifelsfrei erhärtete. Er bat Reinhold in den Schlosspark zu einem Gespräch. Zuerst leugnete Reinhold, dann erwachte sein Überlebenstrieb, er bestieg sein Auto und ward nicht mehr gesehen. Kurze Zeit später zog Uschi zu Reinhold, ließ drei eigene Kinder zurück, das letzte gerade abgestillt. Die Ehe wurde bald darauf geschieden und Uschi und Reinhold heirateten. So viel zum Thema Männerfreundschaft.

Weil das Glück des erfüllten Augenblicks aber bekanntlich flüchtig ist – und das trifft bei Reinhold anscheinend im Besonderen zu – ging die Verbindung bald wieder in die Brüche, auch wenn die Ehe formal noch lange fortbestand. Schon kurz nach der Hochzeit klopfte Uschi bei Max wieder vorsichtig an die Hintertür, aber sie blieb verschlossen. Ich kam erst ein Jahr nach der Expedition zurück nach Deutschland. Max hatte überraschend guten Abstand zu der damaligen Situation gewonnen, wozu sicher auch Uschi selbst beigetragen hatte, die drei Monate nach ihrem Fortgang in einem gemeinsamen Fernsehinterview mit Reinhold ihre drei Kinder schlichtweg verleugnete. Max hatte die fünf Kinder souverän durch die Brandung navigiert. Aus heutiger Sicht war Uschis Fortgang für die Familie sogar ein Glück.

Max erzählte mir damals von seinem Versprechen gegenüber Reinhold. Ich muss ihn bewundern, dass er dieses so lange nicht gebrochen hat.

Noch bevor Herrligkoffer am Morgen die Pressestelle der Deutschen Botschaft informieren konnte, erreichte die Nachricht vom Tod eines Bergsteigers Deutschland. In den Morgennachrichten aller Rundfunksender wurde vom Gipfelsieg berichtet und darüber, dass ein 22-jähriger Bergsteiger dabei ums Leben kam. Kein Name und auch nicht der Herkunftsort wurden genannt. Drei Mütter litten tausend Tode. Bald darauf war die Wohnung meiner Mutter voll von Freunden, Nachbarn, Arbeitskollegen, und auch die Mutter von Peter Scholz traf ein. 22 Jahre alt: Da kamen nur Gert Mändl, Peter Vogler und ich in Frage. Der Münchner Bergsteigerkreis brachte die Familien sofort telefonisch zusammen, aber da war kein Reden mehr möglich, alle schluchzten nur und hofften inständig, dass es nicht ihren Jungen getroffen hatte. Sicher war auch die Familie Messner schnell informiert und sie mochten aufgeatmet haben, dass nicht einer ihrer Söhne in Frage kam. In den Mittagsnachrichten hieß es dann jedoch, der 24-jährige Günther Messner aus Südtirol sei das 33. Opfer des Nanga Parbat geworden.

Reinhold wird drei Jahrzehnte später von der Österreichischen Wochenzeitschrift »profil« interviewt. Der Journalist konfrontiert ihn damit, dass einige der Expeditionsteilnehmer überzeugt sind, dass die Überschreitung geplant war. Messner erwidert darauf: »Es sei ihnen unbenommen. Und wenn, so hätten sie helfen kommen müssen.« Abgesehen von seiner Unterstellung, erhebt er da nicht, milde ausgedrückt, sehr hohe Ansprüche? Aus unserer Sicht hatte er sich von der Mannschaft abgesetzt, um persönlichen Ruhm zu ernten – nein, verpflichtet waren wir in diesem Fall zu nichts! Und doch haben wir die Expedition abgebrochen, uns in Lebensgefahr begeben, Menschen losgeschickt, die nach ihm suchten. Und das alles haben wir sogar getan, obwohl beim letzten Kontakt mit Felix kein Wort von einer Notlage fiel und wir davon ausgehen konnten, dass er die Überschreitung geplant hatte. Wir setzten auf Hilfsaktion und nicht auf Empfangskomitee. Aber weil ihm das immer noch nicht genug ist, bezichtigt er uns jetzt unterlassener Hilfeleistung.

Wenn ich heute aus großer zeitlicher Distanz alle geschilderten Umstände und Begebenheiten und Reinholds Verhalten und seine Reaktionen nach der Expedition insgesamt Revue passieren lasse, drängt sich mir ein bestimmter Eindruck auf: Wie auch immer seine Überschreitung ausgegangen wäre, wenn Günther irgendwie überlebt hätte, Reinhold hätte jedenfalls auf die eine oder andere Weise die übrige Mannschaft immer zu seinen Gunsten in ein schlechtes Licht gerückt oder gar diskriminiert, so wie er das bis heute bei allen gemacht hat. An einem Menschen mit dem Größenwahn dessen, der sich in Sachen Alpinismus selbst öffentlich gewissermaßen zum »Sonnenkönig« ernannt hat, prallt natürlich jedes kritische Argument wirkungslos ab. Vom Magazin »stern« vor kurzem befragt: »Graust es Ihnen manchmal vor sich selber?«, antwortete Reinhold Messner bezeichnenderweise: »Es graust mir vor nichts.«

Ich bin froh, im Leben nur wenigen solchen wahrhaft unerschrockenen Menschen begegnet zu sein!

Reinhold flog am 5. Juli mit Herrligkoffer, Max von Kienlin und Werner Haim voraus, um sich in Innsbruck möglichst schnell einer Behandlung seiner Erfrierungen zu unterziehen. Alle standen wir am Flughafen von Gilgit, um die Abreisenden zu verabschieden. Plötzlich erschienen vier der Männer aus dem Diamirtal, die Reinhold zur Bunar-Brücke getragen hatten. Sie sagten, Reinhold habe ihnen eine Belohnung versprochen. Aber anstatt einer Geste der Dankbarkeit brüllte er sie so an, dass ihm der Hals anschwoll.

Er hat schon längst Größeres im Sinn: In wenigen Tagen wird er dann die Presse um sich scharen – der Beginn eines einsamen Weges, auf dem er sich im Laufe der Jahre als Sprach- und Medien-Astronaut immer höher ins Universum seiner Großartigkeit erhebt. Wir von der Mannschaft sehen ihn da weitaus bodenständiger, eher als Sand im zwischenmenschlichen Getriebe. Nach seiner Rückkehr hat Reinhold schnelle Breitseiten in alle möglichen Richtungen geschossen; die Trauer um Günther trat dabei für alle vollkommen in den Hintergrund. Günther war und blieb der ewig Zweite. Jetzt begann für Reinhold ein Kampf, der anscheinend bis heute anhält: »Einer gegen alle!«

Hinter uns lag die Wand, vor uns das bunte, wirbelnde Leben. Ich suchte in der Wand das Ganzheitliche und Sinngebende, jenseits philosophischer Begriffsakrobatik. Mochte mir das Erlebte dazu verhelfen, die vor mir liegende alte Spielart des Lebens neu zu definieren, das Wesentliche nicht mit dem Unwichtigen zu verwechseln. Ich freute mich auf das Kommende, was es auch sein mochte. Es musste sich dabei nicht sofort wieder um einen hohen, schwierigen Berg handeln, das wäre mir zu einseitig gewesen. Wenn mich nun einmal die Extreme anzogen, dann galt es darauf zu achten, dass ich nach dem einen auch das andere erfahre. Es zog mich nun zum Meer! Kurzum: Ich war bereit, mich neuen Träumen zuzuwenden.

Der Rebell

Reinhold wusste nach der Nanga-Parbat-Expedition sehr genau, dass sich sein Medienerfolg ausschließlich über das Expeditionsbergsteigen aufrecht erhalten ließ. Keine andere Berichterstattung über das Bergsteigen schlägt solche Wellen, erreicht weltweit ein so breites Publikum. Er wurde Profi-Expeditionsbergsteiger, wohl einer der ersten überhaupt, und er hatte alle Voraussetzungen dazu. Viele denken, das sei nur eine Frage der Entschlossenheit und Disziplin, doch weitaus mehr Voraussetzungen müssen erfüllt werden. Die wichtigsten davon sind ein Organismus, der sich gut und schnell an die Höhe anpasst, ein absoluter Überlebensinstinkt und ein unglaublicher Wille, das innere Feuer, unter welchen Umständen auch immer, nicht erlöschen zu lassen.
Der langjährige Messner-Kenner Oswald Oelz, Expeditionsarzt und Teamgefährte Reinholds, beantwortet die Frage, wo-

rin Messners Geheimnis liege, so: Seine wahre Stärke sei sein unbändiger Wille. »Diese Aggressivität, die er mobilisieren kann, wenn sich irgendein Hindernis in den Weg stellt, ist ja phänomenal, ob es sich dann um chinesische Offizielle oder irgendwelche Südtiroler Politiker handelt ... oder eben einen Achttausender, der sich nicht ergeben will. Wenn sich ein Hindernis in den Weg stellt, dann wird die ganze Aggressivität mobilisiert, und dann wird dieses Hindernis genommen.« Diese Aussage kann die Expeditions Crew von damals nur bestätigen!

Reinhold Messner und einige wenige andere haben es in ihrem Profileben zu höchster Meisterschaft gebracht, man kann sie als »Ausnahmebergsteiger« bezeichnen. Meisterschaft verlangt Motivation – eine Entschlossenheit, den Weg zu Ende zu gehen, sich dafür immer wieder selbst zu disziplinieren. Auf der Grundlage großer Erfahrung und Sicherheit gehen Meister daran, die eigenen Grenzen zu testen, um über sich hinauszuwachsen. Dabei müssen sie auf dem schmalen Grat zwischen Risikobereitschaft und Überschätzung balancieren, wobei sie immer der Versuchung ausgesetzt sind, noch einen Schritt weiter zu gehen.

Wenn man sich dann noch dem mörderischen Konkurrenzkampf ausliefert, wer nun der Erste sein wird, der auf allen Achttausendern steht – damals lagen Reinhold Messner, der Pole Jerzy Kukuczka und der Schweizer Marcel Ruedi ganz nahe beisammen –, dann hat Bergsteigen auch sein letztes spielerisches Moment verloren, ja ist geradezu pervertiert worden. Dann spätestens schwinden vermutlich die Grenzen zwischen Selbstdisziplin und Selbstbestrafung. Es ist ein qualvoller Weg, besonders auch für die Familien, denn diese werden von solchen Freibeutern des Lebens verbrannt.

Mindestens ebenso wichtig wie der Erfolg am Berg war Reinhold der Erfolg im Medienbereich. Und so lebt er seit 1970 zwischen Hüh und Hott: raus aus dem Hamsterrad, rauf auf den nächsten Achttausender, rein ins Hamsterrad. Reporter und ganze Filmteams gehen mit ins Basislager, Zwischenberichte werden per Hubschrauber ausgeflogen und mit Flugzeugen zu den Redaktionen gebracht, auf dem Everest bricht er aus Gewichtsgründen Streichhölzer ab, trägt aber ein Tonband mit auf den Gipfel. In allem absolviert er ein Arbeitspensum, das seinesgleichen sucht, mit einer Erfolgsbesessenheit, von der er sich nur befreien kann, wenn er sie bis zur letzten Konsequenz auslebt. Er suggeriert den Menschen, er sei der Herr seiner selbst geschaffenen Welt, einer seiner Buchtitel heißt: »Die Freiheit, aufzubrechen, wohin ich will«. Dabei ist er nur der Sklave seiner inneren Unruhe und der ihn treibenden Aggressivität.

Wo liegt der Auslöser zu diesem Antrieb? Ist es der Vater? Ist es Günther? Hat er sich dieser Frage überhaupt schon einmal ernsthaft gestellt?

Seit über zehn Jahren hat er keine spektakulären Touren mehr vorzuweisen. Eine neue Generation hat nachgezogen, mit der er nicht mehr mithalten kann. Das ist der Zeiten Lauf, dem sich jeder einmal beugen muss. Um aber weiter ganz oben mitzumischen, wärmt er alte Suppen wieder auf. Weil diese aber niemand mehr ohne weiteres löffeln würde, greift er tiefer als je zuvor in sein reich bestücktes Gewürzdepot und kocht die Weggenossen gleich mit hinein. Von der Ursprünglichkeit – in diesem Falle der Wahrheit – bleibt nicht mehr viel übrig. Provokation ist es, aus der er seinen Honig zieht.

Sein Buch »Der Nackte Berg« ist im Grunde nichts anderes als eine überarbeitete Neuauflage des vor drei Jahrzehnten geschriebenen »Die rote Rakete am Nanga Parbat«. Bezeichnenderweise trägt dieses Buch den Untertitel »Drehbuch zu einem Film, der nie gezeigt werden kann«. Es musste damals kurz nach Erscheinen auf richterlichen Beschluss vom Markt genommen werden. Mittlerweile hat Reinhold die Rechte anscheinend wieder. In »Der Nackte Berg« hat Reinhold sich und seine Rechtfertigungen noch mehr ins Zentrum gerückt.

Ich gönne ihm den Erfolg seines Buches, es ist äußerst unterhaltsam geschrieben und liest sich tatsächlich wie das Drehbuch zu einem Krimi. Wohl ist er ein ausgezeichneter Bergsteiger und wortgewandter Schriftsteller, doch Charakterstärke und Wahrheitsliebe stehen auf einem anderen Blatt.

Er schreckt nicht einmal davor zurück, eine ungeheuerliche falsche Aussage der »Bunten Illustrierten« zu zitieren – in der laut Reinhold angeblich Herrligkoffers »offizieller Expeditionsbericht« erschien –, die Felix Kuen und Peter Scholz sehr direkt der unterlassenen Hilfeleistung schuldig spricht. In diesem Artikel wurde Felix Kuen betreffend des Rufkontakts an der Merkl-Scharte folgendermaßen zitiert: »Einmal konnte ich in der ca. 500 Meter langen Merkl-Rinne Hilferufe hören. Als ich aber am Grat von meinem Standplatz aus um 11 Uhr den Reinhold, der etwa 80 Meter über mir steht, danach frage, sagt er mir, dass sie zwischen 6 und 9 Uhr um Hilfe gerufen hätten, da Günther stark höhenkrank sei und sich den Abstieg zur versicherten Merkl-Rinne nicht mehr zutraue. Reinhold bittet uns um ein Seil. Dieses haben wir aber bereits auf unserem Rastplatz oberhalb der Rinne deponiert. Ich schlage ihm vor, auf uns zu warten, bis wir zurückkommen.« Diese Form des Gesprächs kann so nie stattgefunden haben! In allen Berichten der Beteiligten – mündlichen wie schriftlichen –, auch in Reinholds heutigen Darstellungen über den Rufkontakt wird übereinstimmend davon berichtet, dass Felix Kuen und Peter Scholz bei dem Rufkontakt mit einem Seil verbunden waren. Darüber hinaus fand der Rufkontakt noch vor der Rast von Felix und Peter statt.

Der Journalist und Autor Ralf-Peter Märtin, der Reinhold auf mehreren Reisen und Expeditionen begleitet hat, kreiert daraus in seinem Buch »Nanga Parbat. Wahrheit und Wahn des Alpinismus« – als hätte er tatsächlich die letzte Wahrheit gepachtet – folgenden, an Zynismus kaum zu überbietenden Rufmord an Felix Kuen: »Dann erkundigt er sich nach dem Grund der Hilferufe, erfährt durch Messner, dass dessen Bruder höhenkrank ist und sich den Abstieg ohne Seil nicht mehr zutraut. Kuen hat kein Seil *übrig* (Hervorhebung Hans Saler). Er schlägt vor, dass die Messners warten, bis er und Scholz vom Gipfel zurückkommen ... Kuen ist mehr als sauer ... Statt der erhofften Erstbegehung würde er mit einer Rettungsaktion abgespeist. Das ist zuviel verlangt.« Ganz abgesehen davon, dass in diesem Buch für den gesamten Beitrag über unsere Expedition ganz offensichtlich schlecht recherchiert wurde, verschlägt mir die Kaltschnäuzigkeit dieser Unterstellungen schier die Sprache.

Doch zurück zu Aussagen, die eindeutig Reinhold Messner zuzuordnen sind. Reinhold Messner betont immer wieder, er habe die Freiheit, die Nanga-Parbat-Expedition so darzustellen, wie er es für richtig hält. Also gibt er sich einen Freibrief, mit der Wahrheit so umgehen zu können, wie es ihm gerade passt. Nun war er aber nicht allein auf dieser Expedition – da waren einst eine ganze Reihe andere Teilnehmer, die so gar nicht mit seiner Darstellung konform gehen.

»Ich bin überzeugt, dass in den letzten dreißig Jahren die wesentlichen Aussagen zum Bergsteigen aus meinem Kopf geflossen sind ... Drei Generationen von Bergsteigern habe ich mehr oder weniger paralysiert. Wie viele leiden unter meinen Taten und Schriften ...« Da kann man nur traurig nicken. Kein Protagonist heizte den Wettlauf des Turbobergsteigens so an wie er. Er führte das Formel-1-Bergsteigen ein, alles ist für ihn ein harter Kampf um Abstände, Lücken, Platz auf der Überholspur. Das Rekordbergsteigen hat inzwischen alle Bereiche erfasst. Die Berge als die Arena des eigenen Leistungsbeweises und nicht mehr eine Ressource der Lebensfreude? Vielleicht die wundervollste, atemberaubendste Art, Berge zu besteigen, ist das Skitourengehen. Dabei nehmen wir die Natur mit jedem Atemzug in uns auf. Aber nicht das Gehen an sich bildet den großen Reiz, sondern das Innehalten und der beschauliche Naturgenuss. Aber auch dieses Genre hat inzwischen pervertierte Formen angenommen. Immer populärer wird heute der Skitourenwettkampf. Im Tal starten 500 nummerierte Skiathleten und hecheln den Berg hoch. Wer unten als Erster durchs Ziel fährt, dem winken Sponsorenverträge und Prestige. Ein Reinhold Messner würde natürlich niemals bei einem solchen Massenlauf mitmachen, ihm würde genügen zu sagen, dass er 15 Minuten schneller wäre. Mir kommt dieses Turbobergsteigen vor, als schaue man sich das »Schwanensee-Ballett« auf Video im Schnelllauf und ohne Ton an.

Mit seiner Alpinschule, den Büchern, den zahllosen Fernsehauftritten und vielen hundert Vorträgen hat Reinhold Millionen von Menschen den Weg in die Berge gewiesen. Heute, wo die Berge zur Kulisse und zum Rummelplatz unserer egozentrischen Welt geworden sind und der Kollaps droht, steht er als Mahner in vorderster Reihe, wobei er das, was er predigt, selber mit Füßen tritt. Er durchquert die Antarktis, reizt das Unternehmen publizistisch aus, bis auch das letzte Metzgerblatt darüber berichtet. Und zwei Monate später fährt er zur Internationalen Antarktiskonferenz und proklamiert, dass die Antarktis für Jedermann gesperrt werden müsste.

Wahrscheinlich weil er vom autoritären Vater schlecht behandelt wurde, hat er vor Autoritäten, anderen Meinungen und gegenüber dem Leben selbst keinen Respekt. Die ersten Jahre war er ein Rebell, verließ ausgetretene Pfade, ignorierte gedankliche und gesellschaftliche Gepflogenheiten. Er bemerkte, wie seine Mitmenschen darauf reagierten, weitete seinen Einfluss aus und versicherte sich damit seiner Identität. Eine außerordentliche Geltungssucht ergriff ihn, und stets folgte das sofortige Feedback seiner Umwelt. Alle Welt möchte mit ihm zu tun haben, will Interviews, sich in seinem Glanz sonnen, es gibt Geschenke und Vergünstigungen. Und als er schließlich ganz oben war, wurde er zum Despoten! Er verlangt rigorose Unterordnung und duldet niemand neben sich. Wer in Alpinkreisen von den ganz Alten noch über ihm steht, den erniedrigt er rigoros, um sich selbst zu erhöhen. Er fängt an, die so genannten alten »Bergsteigerpäpste« wie zum Beispiel Oskar Dyhrenfurth, Paul Bauer und Peter Aschenbrenner zu verunglimpfen. Mit der Empfindung von Größe und Macht wachsen auch seine Phantasien: »Heute gibt es niemanden auf der Welt«, heißt es an einer Stelle, »der mit mir auf die Bühne gehen kann, um über geschichtliche Themen, über moralische Themen, über geografische Themen, die das Bergsteigen betreffen, zu reden – das gibt es nicht«, und an anderer Stelle: »... da wird auch die Geschichte mir recht geben, wenn am Ende abgerechnet wird, in hundert oder in zweihundert Jahren.«

Reinhold hat seine Dominanz gegenüber seiner Umwelt im Laufe der Jahrzehnte bis zum Größenwahn ausgebaut. Obwohl es genügend Extrembergsteiger gab und gibt, die genauso viel Erfahrung am Berg – auch in der Todeszone – besitzen wie er, gibt es für ihn keinen Menschen auf der Welt, der mit ihm über Ethik am Berg sprechen kann. Einen derartigen Unfehlbarkeitsanspruch erhebt nicht einmal der Papst in Rom. Ein Berg beginnt außerdem schon ab Meereshöhe, wird auch von dieser aus gemessen. Weiß er, was er sagt?

Zunehmend reagiert er immer empfindlicher auf Kritik, droht sofort mit seinem ganzen Waffenarsenal – zu offensichtlich ein Echo eigener tiefschwarzer Ängste, gleichzeitig aber auch sein Motor. Geringschätzen und Beschuldigen, Ignorieren und Verneinen, Angreifen und Abweisen sind seine Mittel. Gelegentlich erinnert mich sein Jagdeifer gegenüber jeglicher Kritik an kirchliche Sektenbeauftragte, die leidenschaftlich bemüht sind, den eigenen, wahren Glauben gegen falsche Propheten abzugrenzen.

»Wir wären auch mit dem Teufel zur Rupalwand gefahren«, schreibt er, und diesen Teufel macht er nach der Expedition aus Felix Kuen und Herrligkoffer.

Es klingt in diesem Zusammenhang wie der Hohn des Schicksals, dass Reinhold Messner, nach dem Tod des ehemaligen Expeditionsleiters, von Oktober 2001 bis September 2003 erster Vorsitzender der von Herrligkoffer gegründeten Stiftung, des Deutschen Instituts für Auslandsforschung, war. Nebenbei bemerkt befindet sich im Besitz dieser Stiftung selbstverständlich der Großteil aller offiziellen Dokumente über die Nanga-Parbat-Expedition 1970.

Als nach 32 Jahren der verbliebene Rest der damaligen Mannschaft sich gegen seine skrupellosen Angriffe zu wehren beginnt, findet er nur Argumente aus seiner Welt des Wahns: »Böswillige Unterstellung eifersüchtiger Menschen ... Ich bin inzwischen ja Europaabgeordneter ... Haben auch sie mir nie verziehen, dass ich überlebte? Bis heute überlebt habe! ... Haben sie psychische Probleme? ... Oder nicht genügend Anerkennung gefunden? ... Auch verstehe ich, dass es für viele bitter ist zu sehen, was ich aus meinem Leben gemacht habe ...«

Ich habe ein Jahr in einer einsamen Blockhütte und einige Jahre auf unbewohnten Inseln gelebt, bin fast neun Jahre über die Weltmeere gesegelt und habe drei Wochen an einer Wegkreuzung unter dem Sternenhimmel auf einen Freund gewartet. Worauf sollte ich neidisch sein?

Epilog

Das Jahr 1970 war für mich ein sehr erfülltes Jahr, ganz von der Wucht der Ereignisse gezeichnet. Doch es war so erschreckend kurz! Im Rückblick dauerten die Tage kaum länger als ein Flügelschlag, die Wochen und Monate wurden fortgerissen wie Herbstlaub im Wind. Das große Erlebnis am Nanga Parbat wirkte stark nach, war aber für mich dennoch nicht prägend. Ich kam später zu der Erkenntnis, wie flüchtig alles im Leben ist, dass sich ein erst ersehntes und dann auch erreichtes Ziel nicht festhalten lässt.

Diese Wand konnte keiner allein besteigen, niemand in ihr ohne die, die unten waren, überleben; und sie konnte überhaupt nur deshalb bestiegen werden, weil andere Expeditionen Vorarbeit geleistet hatten. Diese Wand forderte uns alles ab, und wir hatten alles gegeben. Mochten die vielen Bergsteiger, die sich im Laufe der zahlreichen Expeditionen an ihr gemessen haben, auch ohne Gipfelerfolg heimgekommen sein, so machten sie doch alle dort die eine ganz besondere Erfahrung: Sie überschritten ihre eigenen Grenzen, überwanden sich selbst und erwarben so den Lohn eines tiefen inneren Erlebens, einer neuen Dimension der Selbstachtung. Auch die große Leistung der Hochträger kann dabei nicht genügend gewürdigt werden.

Es ist deshalb denkbar schäbig, wenn ein einzelner Teilnehmer in der Öffentlichkeit den Gipfelsieg so darstellt, als hätte er die Wand im Alleingang durchstiegen, wenn er auch einräumt, dass gewisse Schattengestalten ebenfalls versuchten, dort hinaufzugelangen.

Reinhold Messner wird diese Kritik wie immer öffentlich so interpretieren, dass wir anderen ihm lediglich seinen Ruhm neiden oder uns gar in seinem Erfolg baden möchten. Aber uns geht es weder um die Herabsetzung eines Erfolges noch um die Glorifizierung der Besteigung, auch nicht der Mannschaftsleistung, sondern ganz einfach um eine höchst fällige Richtigstellung. Denn jahrzehntelang ist ein Hergang, der uns alle betraf und bis heute betroffen macht, der die Öffentlichkeit und sogar die Gerichte intensiv beschäftigte, verzerrt dargestellt, ja missbraucht worden. Einem tragischen Einzelschicksal, das unvergessen bleibt, ist ein weiteres Drama von Unaufrichtigkeit und Ehrabschneidung hinzugefügt worden, das irgendwann ein Ende in der Wahrheit finden muss.

Wenn ich heute den wenigen überlebenden Gefährten von damals begegne, freut es mich stets zu sehen, wie sie sich frei von Börsen- und Cholesterinwerten hielten, mit welcher Leidenschaft sie Bergsteiger geblieben sind, welche extremen Klettertouren sie heute noch unternehmen. Also kein Friedhof der Ausgebrannten, jeder von ihnen hat in seinem Bergsteigerleben seine Mitte gefunden und bewahrt.

Wenn ich mit diesem Buch bewirke, dass die hier beschriebene Nanga-Parbat-Expedition von 1970 im Licht der Wahrheit in die Alpin-Annalen eingeht, dass nicht womöglich aus ihr noch ein Hollywood-Reißer mit dem Haupthelden Reinhold Messner gemacht wird und dass wir übrigen Expeditionsteilnehmer stolz sagen dürfen, dabei gewesen zu sein, dann bin ich zufrieden! Reinhold mag ruhig auf seinem selbst errichteten Thron sitzen bleiben; Menschen auf der Suche nach Helden brauchen ihn, und noch mehr braucht er diese Menschen – vielleicht sogar noch mehr als die Berge. In ihm wird eine letztlich unbewältigte Vergangenheit weiterleben, weil er sich ihr nicht gestellt hat.

Dabei könnte es so sehr anders sein: In einer ehrlichen Auseinandersetzung mit dem, was geschehen ist, wie auch immer es dabei um die persönliche Verantwortung steht, würde irgendwann der Erinnerungsschatz eines Bergsteigerlebens die Oberhand gewinnen können und für einen inneren Ausgleich sorgen; auch schmerzende Wunden würden in ihm verheilen. Ich selbst möchte mit nichts die stille Zufriedenheit tauschen, die ich durch die Fülle von verarbeiteten Erlebnissen, vor allem von Erlebnissen am Berg, gewonnen habe. Unter ihnen behält dabei der Nanga Parbat seinen ganz besonderen Platz und klingt in mir nach wie ein Akkord in Moll.

Günther Messner in der Osttürkei, links Elmar Raab und Gert Mändl

Die drei MAN-Lastwagen vor dem erloschenen Vulkan Ararat

Die Mannschaft im Industal

Lastenträger

Träger in Tarshing

Ankunft im Basislager

Lager I

Sturmumtoste Rupalwand

Eingeschneites Lager II

Eisnische im Lager II

Hochträger

Günter Kroh in Lager II

Blick aus dem »Eisdom«, Lager III

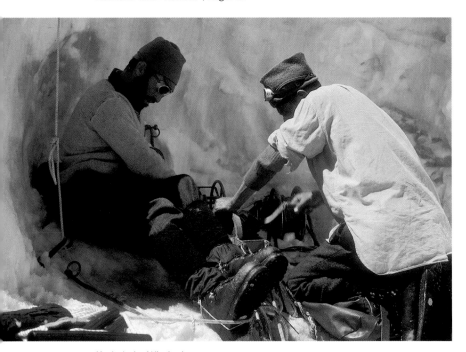

Kurbeln im Windenlager

Lastenaufzug

Aufstieg zu Lager IV

Schlüsselstelle vor Lager IV

Die große Lawine, deren Ausläufer bis ins Basislager kamen

Der Eiswulst kurz unterhalb von Lager IV

Das ausgesetzte Lager V

Hans Saler und Werner Haim im Windenlager

Peter Scholz auf den letzten Metern zum Gipfel

Felix Kuen erzählt von der Begegnung mit Reinhold Messner

Abstieg einer Gruppe von Hochträgern

Peter Scholz, Captain Saqi, Karl Maria Herrligkoffer, Felix Kuen bei der Ehrung

Expeditions-Postkarte

Danksagung

Danken möchte ich meiner Mutter, die die Liebe zur Natur in mir weckte, und meiner Frau Truus, die diese Liebe mit mir teilt.

Einen besonderen Dank auch an meinen Freund Volker Wurnig und an die Kameraden vom Nanga Parbat: Gerhard Baur, Jürgen Winkler, Max von Kienlin, Günter Kroh und Werner Haim. Sie alle haben mit viel Rat und Tat zur Verwirklichung dieses Buches beigetragen.

Nachwort

Von Gerhard Baur

Der einzige Vorwurf, den ich persönlich Reinhold im Zusammenhang mit unserer gemeinsamen Nanga-Parbat-Expedition von 1970 mache, ist, wie er im Nachhinein mit Günthers Tod umgeht. Von Anfang an – und spätestens seit 2001 immer wieder – treibt es ihn, mit völlig unhaltbaren Unterstellungen und Angriffen Schuldige für die tragischen Geschehnisse zu finden. Dabei scheint ihm vollkommen egal zu sein, wie unfair und unhaltbar seine Anschuldigungen sind. Letztlich waren es diese, die eine Gegendarstellung von unserer Seite geradezu erzwangen.

Hans äußert in diesem Buch seine Meinung, dass er persönlich es für verantwortungsvoller gehalten hätte, wenn Reinhold gemeinsam mit Günther zurück über die Rupalseite abgestiegen wäre, um dort noch vor der Merkl-Rinne zu biwakieren. Aus diesen *rein moralischen Bedenken* jedoch die Behauptung zu konstruieren, Hans und der Rest der Mannschaft hätten ihm angeblich vorgeworfen, er habe den Tod seines Bruders bewusst billigend in Kauf genommen und man habe ihn quasi des »Brudermords« beschuldigt, ist einfach nicht wahr und bis ins Groteske übertrieben.

Seit den Funden erster sterblicher Überreste von Günther auf dem Diamirgletscher führt Reinhold diese Funde in der Öf-

219

fentlichkeit immer wieder als ultimativen Beweis seiner »letzten Wahrheit« und damit seiner Version der Geschehnisse an. Diese Behauptung hält jedoch den Fakten nicht stand – der von Reinhold angegebene Fundort von Günthers sterblichen Überresten sagt nichts darüber aus, wo genau und unter welchen Umständen Günther auf der Diamirseite des Nanga Parbat starb.

Ungefähr auf gleicher Höhe und relativ nahe des von Reinhold angegebenen Fundorts wurden auch die Überreste eines anderen Bergsteigers gefunden, der viele Jahre *später* und wesentlich *höher* in der Wand verunglückte, als Reinhold es von seinem Bruder behauptet. Dennoch verbreitet er in der Öffentlichkeit, dass seine Schilderung, Günther wäre mit ihm noch bis kurz vor Erreichen des Wandfußes der Diamirflanke abgestiegen, mit den Funden bewiesen sei. Alle anderen Hypothesen wären damit als »Lügen« entlarvt.

Leider hat ein Großteil der Medien diese unhaltbare Aussage unhinterfragt übernommen und damit in der breiten Öffentlichkeit eine »Wahrheit« und eine alpine Geschichtsschreibung zementiert, die gar keine objektive Wahrheit sein kann, weil sie weder bewiesen noch wahrscheinlich ist.

Dabei wäre es so einfach, die Fakten nachzulesen – zum Beispiel in diesem Buch. Journalisten, die dafür nicht die Zeit haben, könnten auch die kurze und prägnante Stellungnahme des A1 Verlags auf deren Website nachlesen oder anderweitig recherchieren. Es macht traurig und betroffen, dass das bisher offenbar die wenigsten Medienvertreter getan haben.

Reinholds Behauptungen lenken außerdem von der *eigentlich entscheidenden Frage* ab: ob Reinhold die Überschreitung des Nanga Parbat durchführte, weil er den Berg überschreiten *wollte*.

Natürlich kann auch das niemand beweisen – es kann aber jederzeit für die wahrscheinlichere Alternative gehalten werden. Für mich machen seine Argumente, warum er angeblich »gezwungen« war, über die Diamirseite abzusteigen, bis heute keinen Sinn. Zum Teil ist seine Argumentation auch in sich widersprüchlich, was Hans in diesem Buch deutlich aufzeigt. Reinhold hat mit mir in den verschiedenen Lagern am Berg mehrmals darüber geredet, dass er die Überschreitung wagen wolle, wenn es die Umstände zulassen sollten. In unseren Gesprächen wurde mir klar, dass Hermann Buhl mit seinem legendären Alleingang von 1953 Reinholds Vorbild war – wie Buhl stellte er sich eine Überschreitung mit Minimalausrüstung vor. Die Eindeutigkeit, mit der er mit mir über dieses Vorhaben geredet hat, und seine genauen Schilderungen, wie er sich den Abstieg auf der Diamirseite vorstellte, haben einen tiefen Eindruck bei mir hinterlassen.

Ich war bereits damals davon überzeugt und glaube auch heute nach wie vor, dass die Überschreitung nicht »aus der Not heraus« geschah, sondern weil sich während des Aufstiegs und nach Erreichen des Gipfels abzeichnete, dass die Bedingungen eine Überschreitung möglich machten.

Ich weiß nicht, wie Günther starb. Alle möglichen Szenarien sind denkbar.

Nur eines ist in meinen Augen ausgeschlossen: dass sich Günther von den von Reinhold beschriebenen Höhenkrankheits-Symptomen so weit erholt haben und wie durch ein Wunder in der Lage gewesen sein soll, fast die komplette Diamirflanke abzusteigen. Das lässt für mich nur einen Schluss zu: Entweder stimmen Reinholds Schilderungen über Günthers angebliche Höhenkrankheits-Symptome nicht, oder Günther starb unter anderen Umständen und weiter oben in der Wand, als sein Bruder es bis heute immer wieder schildert. Ich persönlich hatte schon immer Zweifel an der Version von Günthers Höhenkrankheit. Auch Hans schreibt in diesem Buch, dass er – sollten die Brüder Messner sich tatsächlich für getrennte Abstiege entschieden haben – davon ausgeht, dass Günther in diesem Fall nicht höhenkrank war.

Es würde gut tun zu wissen, wie und wo Günther wirklich starb. Letztlich ist es jedoch nicht entscheidend – die entscheidende Tragödie war und bleibt, *dass* Günther umkam.

Leider ist es Reinhold durch seine außerordentliche Medienpräsenz mittlerweile tatsächlich gelungen, sich selbst als unschuldiges »Opfer« darzustellen und uns als »Täter«, die ihn angeblich massivst beschuldigt hätten. Derartige Unterstellungen haben teilweise sogar Presseagenturen unhinterfragt übernommen.
Dass es in Wahrheit ganz anders war und ist, gerät völlig in den Hintergrund.

Ich kann mich noch genau daran erinnern, wie geschockt ich war, als Reinhold 2001 vor Jürgen Winklers und meinen Augen und vor laufenden Kameras auf einmal die komplette Mannschaft der unterlassenen Hilfeleistung beschuldigte. Den Vorwurf der unterlassenen Hilfeleistung (dass die Expedition nicht ins Diamirtal aufbrach) hatte Reinhold nach der Expedition bereits gegenüber dem Expeditionsleiter Karl Maria Herrligkoffer geäußert und deshalb sogar Klage erhoben. Dass diese Vorwürfe schon damals lächerlich waren und jeder Grundlage entbehrten, wussten alle Beteiligten. Zu diesem eindeutigen Ergebnis kamen auch die Sachverständigen und das Landgericht München I – das Verfahren wurde eingestellt. Trotzdem erhob er nach über 30 Jahren plötzlich uns gegenüber denselben Vorwurf, und seit dem 4. Oktober 2001 wiederholt er diese und andere Beschuldigungen immer wieder. Im Artikel »Die wunderbare Bergsteigermoral« (»Bergsteiger – Das Tourenmagazin« Nr. 7/2004) schrieb er sogar von der angeblichen »Tatsache, dass nach den Vermissten nicht gesucht wurde«.
Reinhold weiß genau, dass damals sehr wohl sofort Suchmaßnahmen eingeleitet wurden – und das, obwohl niemand von uns von einer angeblichen Notlage ausgehen konnte. Darüber

hinaus wurde das einzig zeitlich Sinnvolle und Mögliche unternommen, nämlich die Expedition abzubrechen, um von Gilgit aus noch mehr Druck auf die offiziellen Behörden ausüben zu können.
Warum er dennoch derartige Behauptungen aufstellt, bleibt uns bis heute ein Rätsel.

Noch stärker traf mich aber seine vor allem auf den nicht mehr lebenden Felix Kuen gerichtete Aussage: dass einige Expeditionsteilnehmer angeblich nichts dagegen gehabt hätten, wenn beide Messners nicht mehr aufgetaucht wären – das sei für ihn die Tragödie.
Diese Unterstellung ist ungeheuerlich, es gibt kein einziges haltbares Indiz dafür, und die *wahre Tragödie* war und bleibt selbstverständlich Günthers Tod.

Ein weiterer trauriger Aspekt unserer gemeinsamen Expedition ist für mich die Art und Weise, wie Reinhold mit dem Tod seines Bruders und der von ihm selbst ausgelösten und immer wieder neu angeheizten unseligen Auseinandersetzung umgeht. Die Skrupellosigkeit, mit der er und leider auch andere dabei unhaltbare Anschuldigungen und falsche Behauptungen in die Welt setzen, macht mich manchmal sprachlos.

Ein großer Trost bleibt dennoch: Ich war in meinem Leben bei vielen Expeditionen dabei, es gibt darunter aber nur wenige, bei denen ich einen derart positiven menschlichen Zusammenhalt erlebt habe wie bei unserer Nanga-Parbat-Expedition von 1970. Die Freundschaften, die sich damals bildeten, halten bei den noch Lebenden bis heute.
Deshalb kann ich Gott sei Dank auch heute noch sagen, dass die Expedition tiefe und unauslöschliche positive Spuren in meinem Leben hinterlassen hat.

Sulzberg, 2009

Biographische Notizen

Von Truus Saler

Hans wurde am 2. November 1947 in München geboren. Der Reiz des Abenteuers prägte ihn schon früh und wurzelt in einer gewissen Familientradition. Unter anderem gelang seinem Onkel, Sir Vivian Fuchs, als Leiter der englischen Trans-Antarctic-Expedition 1959, die erste gesamte Durchquerung der Antarktis auf dem Landweg. Schon als kleines Kind schmiedete Hans Pläne, die Welt zu bereisen, und diese Sehnsucht lebt er bis heute aus. Er ist ein nimmermüder Beobachter und Zuhörer, mit einer kindlichen Faszination und Neugier und einem ausgeprägten Urvertrauen, was ihm die Gabe verleiht, das Leben als immerwährendes Abenteuer zu betrachten.

Hans Saler 1970 am Nanga Parbat

Als Extrembergsteiger machte er sich schon in jungen Jahren einen Namen, bereits mit 14 Jahren durchstieg er namhafte Wände im Alleingang. Nur wenige Jahre später gelangen ihm viele der ganz großen Wände der Alpen, wie die Nordwände von Eiger, Ortler, Königsspitze, Matterhorn und Großer Zinne sowie zahlreiche Erstbegehungen und Alleingänge. Jede

Kletterübungen in einer Scheune

Hans Saler in der Eiger-Nordwand

überwundene Steilwand summierte sich für ihn zu einem Stück Freiheit; als er den unverstellten Horizont vor sich hatte, blickte er nicht zurück, sondern ging stattdessen einfach weiter.

Sein materieller Reichtum bestand aus jenen Dingen, die er nicht brauchte – und damit besaß er alles.

1969 brach er mit fünf Freunden zu seiner ersten Bergexpedition nach Peru und Bolivien auf. Das Geld für die Überfahrt reichte nur für eine einfache Schiffspassage bis Venezuela. Die fünf hatten Motorräder dabei, auf denen sie die gesamte Expeditionsausrüstung mitführten.

Ihre anspruchsvollen Erstbesteigungen und Erstbegehungen lösten in Alpinkreisen große Anerkennung aus. Daraufhin erhielt Hans von Dr. Herrligkoffer eine Einladung zu dessen geplanter Nanga-Parbat-Expedition. Doch bis er sich der Expedition anschloss, war er mit seinem Motorrad noch dreizehn Monate in Südamerika unterwegs, von Venezuela bis Feuerland, mit nur 500 DM in der Tasche.

Nach der in diesem Buch doku-
mentierten Nanga-Parbat-Expedition reiste er nach Indien, überquerte illegal die Grenze zu Tibet
und erkletterte einen noch unbestiegenen Siebentausender. Über
Burma, Thailand, Malaysien und
Indonesien kam er bis nach Portu-
giesisch Timor und setzte von dort
nach Australien über.
Dann lockte ihn das Meer. In Australien baute er mit einem Freund
aus wasserlöslichem Sperrholz, das
sie mit viel Lack imprägnierten,
ein Mehrrumpfboot. Es war ein

Der One-way-Trimaran

Trimaran und sollte nur für die eine Fahrt halten. Ohne die
geringste Segel- oder Navigationserfahrung stachen die beiden in See. Nach dreieinhalb Monaten und einer zurückgeleg-
ten Strecke von über 10.000 Kilometern, wobei sie einen Hurrikan überlebten, erreichten sie Südafrika und umrundeten
das Kap der Guten Hoffnung. Das Boot hatte sich zwischen-
zeitlich fast aufgelöst.
Jene Bergfreunde, mit denen er in Südamerika war, planten
zwei Jahre später eine Expedition zum noch unbestiegenen,
international lang umkämpften Dhaulagiri III, 7.715 m, im
Himalaya. Hans sagte zu. Zuvor reiste er noch über Land nach
Ostafrika, traf sich dort mit seiner Mutter und sie bestiegen
gemeinsam den Kilimandscharo. Über Uganda reiste er in das
Kriegsgebiet des Südsudans. Mit einem Floß versuchte er den
oberen Nil zu befahren, doch dieser Versuch scheiterte.
1973 gelang ihm mit den Freunden die Erstbesteigung des
Dhaulagiri III. Hans legte sich noch während der Expedition
eine feste Partnerin zu, die tibetanische Lhasa-Apso-Hündin
Thorma. Als sie 14 Jahre später verunglückte und ein See-
mannsbegräbnis bekam, hatte sie ihn bereits durch 43 Länder

begleitet und mit ihm drei Sechstausender und über ein Dutzend Fünftausender bestiegen.

Nach der Dhaulagiri-Expedition hielt er sich einige Zeit in Afghanistan auf. Zurück in Deutschland, wanderte er mit Thorma im Winter auf den Spuren des Heiligen Jakobus von Frankreich nach Galicien. Der Pilgerweg war damals vollkommen in Vergessenheit geraten und so schrieb er darüber eine mehrteilige Dokumentation für den Rundfunk. Nahe München baute er sich in einer Scheune eine seefeste Segelyacht. Ein Jahr arbeitete er Tag und Nacht daran, dann überquerte er den Atlantik, noch bevor das Boot eine Inneneinrichtung besaß.

1980 kam Hans mit seiner Thorma nach Bolivien, er wollte sich mit einem Freund zum Bergsteigen treffen und wir lernten uns kennen.

Hans Saler mit der Lhasa-Apso-Hündin Thorma

Ich bin Holländerin, war selbst viele Jahre mit dem Rucksack unterwegs und leitete zu dieser Zeit eine Blindenschule für eine internationale Behindertenorganisation. Sieben Tage später waren wir verheiratet. Ein neues Institutsgebäude sollte gebaut werden. Hans zeichnete die Pläne und übernahm die Bauleitung, damit war er zwei Jahre beschäftigt. Er wurde langsam unruhig, so lange war er noch nie sesshaft gewesen. Die Organisation wollte uns nicht verlieren und bot uns einen interessanten Zweijahresvertrag an: Hans übernahm die PR-Arbeit für ganz Süd- und Mittelamerika und für die Karibik und ich machte gleichzeitig in den Projekten Buchprüfungen. Hans war in seinem Element, er schrieb über gesellschaftliche Randgruppen, fotografierte und drehte Dokumentarfilme in Rehabilitationszentren und Krankenhäusern, besuchte Gefängnisse, geschlossene Anstalten der Psychiatrie und sprach mit Menschen in den Slums, schipperte mit einer Ärztegruppe in einem Kanu auf dem Amazonas und fuhr wenig später mit dem Jeep quer durch den Bergwald von Haiti zu einer Leprastation. Es waren zwei intensive, erlebnisreiche Jahre, doch besonders Hans sehnte sich zurück nach seiner alten Freiheit.

Wir segelten danach noch viereinhalb Jahre mit Thorma auf dem kleinen, selbst gebauten Schiff über die Weltmeere. Hans war ein ebenso guter Segler und Taucher wie Bergsteiger, doch den Bergen gehörte sein ganzes Herz. Wo immer er sie sah, erkletterte er sie. Der Seefahrt müde, entschlossen wir uns schließlich, in den hohen Norden Kanadas zu reisen. Wir verwirklichten unseren Traum, ein Jahr in einer abgeschiedenen Blockhütte zu leben. Von der Westküste Britisch Kolumbiens folgten wir zuerst den alten Spuren der Goldgräber nach Norden. Nahe der legendären Goldgräberstadt Barkerville fanden wir unsere »Traum«-Blockhütte. Über zwei Monate bauten wir sie mit einfachen Werkzeugen aus, bis wir sicher waren, in ihr einen Winter mit Temperaturen bis 50 Grad minus überstehen zu können. Danach folgten nochmals zwei Jahre USA und Mexiko mit einem VW-Bus. Bezeichnenderweise musste Hans, wann immer der Popocatepetl (5.200 m) in Sicht kam, ihn auch besteigen, insgesamt acht Mal. Danach reisten wir für ein Jahr nach Thailand und lebten dort vorwiegend bei Bergstämmen.

Inzwischen fast 50 Jahre alt, beschlossen wir, uns in Chile niederzulassen, dem gastfreundlichsten Land der Welt. In der Seenregion, auch die »Schweiz Chiles« genannt, fanden wir unser kleines Paradies. Dort gibt es alles, was wir uns zum Leben wünschen: vergletscherte Berge, Seen, Flüsse, das nahe Meer, eine noch intakte Natur und herzliche Menschen. Nahe dem Ort Pucón, am Fuße des aktiven Vulkans Villarrica, mit Blick auf den gleichnamigen See, kauften wir ein paar Hektar

Land und bauten ein kleines Häuschen darauf, das die Form eines Bootes hat. Bald gehörten auch drei Hunde und zwei Lamas zur Familie. Wir gründeten ein kleines Tourenunternehmen und arbeiten seitdem als freie Agenten für einen namhaften Münchner Trekkingveranstalter, unter dem Motto: Vulkane, Natur und Kultur.

Hans Saler und seine Frau Truus in Chile

Es ist fast unmöglich, das viele »Dazwischen« zu beschreiben. Hans lebte unter anderem in Elefantencamps, bei Indianern und fernen Bergstämmen, unter Gold- und Diamantensuchern, wohnte bei Yogis und Waffenhändlern, saß zwei Monate wegen Spionageverdacht in Trinidad im Gefängnis, überlebte einen bewaffneten Überfall in Mexiko, arbeitete ein Jahr als Kapitän auf einer Luxusyacht in der Karibik, radelte quer durch die USA nach Kanada und ... und ... und ...
Und doch war er nie ein Getriebener, sein nomadisches Leben war immer geprägt von Offenheit und Achtsamkeit.

4. Auflage 2009, aktualisierte Fassung

© by A1 Verlag, München

Alle Rechte vorbehalten

Satz: Fotosatz Kretschmann GmbH, Bad Aibling

Litho: Datagraph, München

Typographie, Umschlagentwurf und Gestaltung: Konturwerk, Herbert Woyke

Titelabbildung: Die Rupalwand des Nanga Parbat. Foto: Jürgen Winkler

Druck und buchbinderische Verarbeitung: CPI – Ebner & Spiegel GmbH, Ulm

Papier Innenteil. Textteil 90 g/m² Schleipen Werkdruck bläulich weiß,
Bildteil 135 g/m² Bilderdruck weiß hochglänzend

Papier Schutzumschlag: 135 g/m² Bilderdruck vollgestrichen glänzend

Papier Überzug: 115 g/m² Surbalin Prima von Peyer

Gesetzt aus der 11,2/13,5 Punkt Minion regular

Printed in Germany

ISBN 978-3-940666-12-3

Bildnachweis

Archiv Hans Saler: Seite 19, 23, 33, 44, 52, 64, 78, 93, 109, 143, 159, 163, 193 o./u., 194 u., 196, 197, 198 o./u., 199 o., 204 o./u., 205 o./u., 206 o., 218, 219, 220, 222

Gerhard Baur: Seite 74, 77, 85, 162, 202, 203

Jürgen Winkler: Seite 17, 26, 28, 30, 31, 35, 38, 41, 47, 50, 54, 57, 62, 65, 67, 69, 75, 79, 86, 90, 99, 102, 111, 121, 176, 177, 180, 183, 194 o., 195 o./u., 199 u., 200 o./u., 201, 206 u., 207, 208 o./u., 217

Quellen

Deutsches Institut für Auslandsforschung (Hg.): *Karl Maria Herrligkoffer – Besessen, sieghaft, umstritten.* Bearbeitet von Horst Höfler und Reinhold Messner. Zürich 2001

Herrligkoffer, Karl Maria: *Kampf und Sieg am Nanga Parbat. Die Bezwingung der höchsten Steilwand der Erde.* Stuttgart 1971

Märtin, Ralf-Peter: *Nanga Parbat – Wahrheit und Wahn des Alpinismus.* Berlin 2002

Messner, Reinhold: *Die rote Rakete am Nanga Parbat – Drehbuch zu einem Film, der nie gezeigt werden kann.* München 1971

Messner, Reinhold: *Der Nackte Berg. Nanga Parbat – Bruder, Tod und Einsamkeit.* 4. Auflage. München 2002

Messner, Reinhold: *Die weiße Einsamkeit. Mein langer Weg zum Nanga Parbat.* München 2003

Ruef, Karl: *Felix Kuen – Auf den Gipfeln der Welt.* Graz 1972

Darüber hinaus: Diverse Zeitschriftartikel, Fernsehaufzeichnungen und -interviews